最終
チェック!

消費税

インボイス制度の実務

アースタックス税理士法人

税理士 **島添　浩** 著

税務研究会出版局

はしがき

　令和5年10月1日より消費税についてインボイス制度（適格請求書等保存方式）が施行されます。この制度においては、仕入税額控除の適用要件が「帳簿及び区分記載請求書等の保存」から「帳簿及び適格請求書等の保存」へ変更されることとなります。

　なお、適格請求書等の交付については、すべての事業者が交付できる区分記載請求書等とは異なり、事前に税務署長に申請して登録を受けた「適格請求書発行事業者」に限定されていることから注意が必要です。

　この適格請求書発行事業者の登録は、課税事業者に限定されており、免税事業者が登録するには課税事業者を選択しなければなりません。また、適格請求書発行事業者は、取引の相手先である課税事業者からの要求により適格請求書等を交付し、その写しを保存する義務が生じることとなります。

　適格請求書等については、従来の区分記載請求書等の記載事項に加えて、登録番号、適用税率、税率ごとに区分して合計した消費税額等を記載しなければならないことから多くの事業者が請求書等の見直しを事前に行う必要があります。

　さらに、インボイス制度導入後6年間（令和11年9月末まで）は、免税事業者等からの課税仕入れについて、仕入税額相当額の一定割合を仕入税額とみなして控除できる経過措置が設けられており、課税仕入れを標準税率の10％と軽減税率の8％に区分した上で、適格請求書に係る課税仕入れ（全額が控除される仕入税額）と適格請求書以外の課税仕入れで経過措置により一定割合が控除される仕入税額とに区分して経理処理しなければならず消費税の事務負担がさらに増大することとなります。

上記のようにインボイス制度の導入については、様々な対応が求められることから企業の経理部門だけでなく、企業全体で事前に対応策を検討することが重要となります。

　そこで本書では、消費税の基礎知識を確認した上で、インボイス制度の導入前に対応しなければならない事前対策として適格請求書発行事業者登録制度、適格請求書等の記載事項や発行方法、導入に伴う各種システムの変更や契約書等の変更について解説していきます。

　続いて、インボイス制度導入後に対応しなければならない対策として消費税の経理処理方法や納付税額の計算方法などについても確認し、さらに、免税事業者との取引で問題となる独占禁止法や下請法の取扱いやインボイス制度に伴う補助金制度についても解説します。

　なお、本書の中で用いる適格請求書等の記載事例や図解などについては、国税庁における『消費税の仕入税額控除制度における適格請求書等保存方式に関するQ&A』及び『適格請求書等保存方式の概要—インボイス制度の理解のために—』を引用し、それに一部加筆をして掲載しております。

　本書が、インボイス制度導入に伴う消費税実務において事業者が抱える課題の解消の手助けとなれば幸いです。

令和 4 年11月

目　次

第1章　消費税の基礎知識

第2章　インボイス制度導入のための事前準備

第3章　インボイス制度導入後の消費税実務

第4章　インボイス制度導入後による独占禁止法等の問題点

第5章　インボイス制度導入に伴う補助金制度

第1章

消費税の基礎知識

1　消費税の課税対象

　消費税は、ものの消費に対して課税される税金で、酒税やたばこ税のように特定物品に課税されるものを「個別消費税」といい、国内におけるすべての商品の販売、サービスの提供に対して課税されるものを「一般消費税」といいます。

　また、消費税は、消費地課税主義の観点から国内取引について課税することとしており、国外取引は課税の対象外となります。なお、輸入取引については、国内で消費することから消費税が課税されることとなります。

　消費税法では、大きく「国内取引」と「輸入取引」に区分されており、それぞれの区分に基づいて課税されますが、国内取引の消費税については、その事業者の所轄税務署長に対して申告及び納付を行うのに対し、輸入取引の消費税については、税関長に対して申告及び納付を行うこととなります。

【図解】

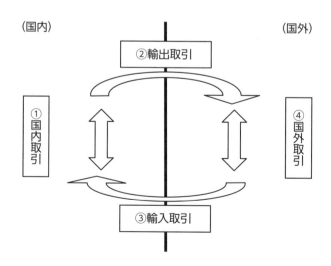

消費税法	国内取引	①国内取引+②輸出取引
	輸入取引 (注)	③輸入取引

※国外取引は、消費税の課税対象外

（注）輸入取引の消費税

　消費税は、国内で消費する財、サービスについて課税することを目的としているため（消費地課税主義）、国外から貨物等を輸入する場合についても消費税が課税されます。

　なお、輸入取引の消費税については、保税地域から外国貨物を引取る際に、外国貨物を引取る者が税関長に対して輸入取引に係る消費税を納付することとなります。

　一般的に、輸入取引に係る消費税の申告手続は、輸入通関業者等が関税等の手続処理とともに代行して行うことが多いです。

---

2 消費税の基本的仕組み（多段階累積控除）

　国内取引の消費税は、事業者に負担を求めるものではなく、事業者の販売する商品やサービスの価格に税額を上乗せさせて、最終的には商品などを消費した者が負担するものです。日本の消費税においては、その流通過程の各段階で二重三重に消費税が課税されないようにするために「多段階累積控除」という仕組みを採用しています。

【図解】流通過程の消費税の流れ

　生産者が商品等を生産し、その商品等を消費者が購入して消費するまでの流れを全体で表すと以下のようになります。

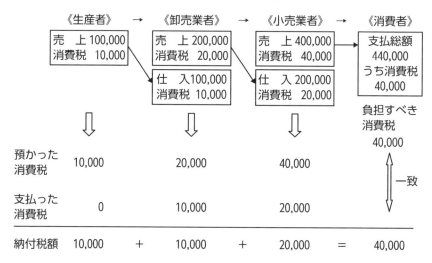

　この多段階累積控除により、各事業者がそれぞれの取引から生じる消費税を国に納付することで、結果的には本来の消費税の納税義務者である消費者が支払うべき消費税を国が受け取ることとなります。

　したがって、消費税の計算としては以下の算式のように「預かった消費税」から「支払った消費税」を差し引いて「納付税額」を求めることとなります。

【消費税の計算式】

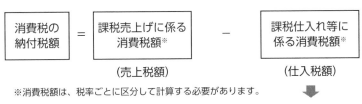

※消費税額は、税率ごとに区分して計算する必要があります。

　なお、上記算式の仕入税額控除の適用を受けるためには、一定の要件を満たすことが必要ですが、具体的には以下のようになります。

【仕入税額控除の要件】

控除要件 （以下の2要件 を満たすこと）	区分記載請求書等保存方式 〜令和5年9月	適格請求書等保存方式 （インボイス制度） 令和5年10月〜
帳簿の保存	一定の事項が記載された 帳簿の保存	区分記載請求書等保存方式と 同様（左記と同様）
請求書等の保存	区分記載請求書等の保存	**適格請求書** （いわゆるインボイス）等の保存

ここが変更されます

5

3　消費税の適用税率

（1）税率

　消費税の計算においては、国税部分を先に求め、国税の納付税額を基に地方消費税の納付税額を計算することとなります（最終的には、国税と地方消費税の納付税額を合算して所轄税務署に納付することとなります。）。

　特に、令和元年9月30日以前の消費税率8％（国税6.3％、地方税1.7％）と軽減税率8％（国税6.24％、地方税1.76％）は国税と地方消費税の比率が異なることから区分して計算しなければならず、注意が必要です。

　なお、標準税率と軽減税率における国税と地方消費税の比率については、22/78ということで同じ比率になっています。

【消費税率の変更】

	平成9年4月〜平成26年3月	平成26年4月〜令和元年9月	令和元年10月〜	
			軽減税率	標準税率
消費税	4.0%	6.3%	6.24%	7.8%
地方消費税	1.0%^(注1)	1.7%^(注2)	1.76%^(注3)	2.2%^(注3)
合計	5.0%	8.0%	8.0%	10.0%

（注1）　消費税額の25/100

（注2）　消費税額の17/63

（注3）　消費税額の22/78

（2）軽減税率の対象品目

　軽減税率の対象となる取引とは、次の①及び②のことをいいます。

①　飲食料品の譲渡

　軽減税率の対象となる飲食料品とは、食品表示法に規定する食品[注1]をいい、一定の一体資産[注2]を含みます。

　ここでいう食品とは、人の飲用又は食用に供されるものをいい、例え

ば、工業用として販売される塩、観賞用・栽培用として取引される植物及びその種子など、人の飲用又は食用以外の用途で販売されるものは該当しません^(注3)。

また、飲食店業等を営む者が行う食事の提供（いわゆる外食）やケータリング等^(注4)については、軽減税率の対象に該当しません。

さらに、保税地域から引き取られる課税貨物のうち、「飲食料品」に該当するものについては、軽減税率が適用されますが、課税貨物が「飲食料品」に該当するかどうかは、輸入の際に、人の飲用又は食用に供されるものとして輸入されるかどうかにより判定します。

（注１）食品表示法に規定する食品については、食品衛生法に規定する「添加物」が含まれますが、酒税法に規定する「酒類」、「医薬品」、「医薬部外品」及び「再生医療等製品」は除かれます。

（注２）一体資産とは、おもちゃ付のお菓子やコーヒーとカップとが一緒になっているコーヒーギフトセットなど、あらかじめ軽減税率の適用対象である食品（酒類を除く）と食品以外の資産が一の資産を形成し又は構成しているもので、一体資産としての価格のみが提示されているものをいいます。一体資産は、原則として、軽減税率の適用対象外となりますが、次のいずれの要件も満たす場合は、飲食料品として、その譲渡全体につき軽減税率が適用されます（これ以外は、全体が標準税率となります。）。

　イ　一体資産の譲渡の対価の額（税抜価額）が１万円以下であること

　ロ　一体資産の価額のうちに当該一体資産に含まれる食品に係る部分の価額の占める割合として合理的な方法により計算した割合が３分の２以上であること

（注３）飲食料の具体例

軽減税率の対象となるもの	軽減税率の対象とならないもの
・もみ	・種もみ
・畜産物の枝肉（加工後）	・生きた畜産物（肉用牛、食用豚、食鳥など）
	・家畜の飼料・ペットフード
・水産物（鮮魚）	・鑑賞用の魚（熱帯魚など）

・コーヒーの生豆	・コーヒーの生豆の焙煎（加工賃）
・おやつ用の製菓（かぼちゃの種など）	・果物の苗木及びその種子
・みりん風調味料（酒類に該当しないもの）	・みりん、料理酒（酒類に該当するもの）
・ミネラルウオーターなどの飲料水	・水道水
・食用氷（かき氷など）	・ドライアイスや保冷用の氷
・ノンアルコールビール・甘酒	・ビール（酒類に該当するもの）
・酒類を原料とした食品（酒類に該当しない）	・食品の原料となる酒類
・日本酒を製造するための米	
・医薬品等に該当しない栄養ドリンク	・医薬品等に該当する栄養ドリンク
	・賞味期限切れの食品（廃棄するもの）
・特定保健用食品、栄養機能食品、健康食品、美容食品（医薬品等に該当しないもの）	・医薬品等に該当する食品
・金箔（食品添加物）	
・食用の重曹（食品添加物）	
・人の飲用・食用の食品添加物	

（注4）軽減税率の適用対象外となる「外食」については、取引の場所及び取引の態様（サービスの提供に該当するのかどうか）の観点から、ケータリング・出張料理等を含めて、以下のように定義しています。

　㋑　外食

　　　軽減税率の対象外となる「飲食店業等を営む者が行う食事の提供」（いわゆる外食）とは、飲食店業等を営む者がテーブル、椅子、カウンターその他の飲食に用いられる設備（以下「飲食設備」といいます。）のある場所において、飲食料品を飲食させる役務の提供をいい、例えば、レストランやフードコートでの食事の提供があります。

　㋺　ケータリング・出張料理等

　　　ケータリング・出張料理とは、相手方が指定した場所で、飲食料品の提供を行う事業者が食材等を持参して調理して提供するものや調理済みの食材を当該指定された場所で加熱して温かい状態で提供すること等をいい、具体的には以下のような場合が該当します。

　●　相手方が指定した場所で飲食料品の盛り付けを行う場合

　●　相手方が指定した場所で飲食料品が入っている器を配膳する場合

● 相手方が指定した場所で飲食料品の提供とともに取り分け用の食器等を飲食に適する状態に配置等を行う場合

したがって、「出張料理」は、顧客の自宅で調理を行って飲食料品を提供していることから、「相手方の指定した場所において行う役務を伴う飲食料品の提供」に該当し、軽減税率の適用対象とはなりません。

② 新聞等の譲渡

軽減税率の対象となる新聞とは、一定の題号を用い、政治、経済、社会、文化等に関する一般社会的事実を掲載する週2回以上発行されるもの（定期購読契約に基づくもの）をいいます。

なお、定期購読契約とは、その新聞を購読しようとする者に対して、その新聞を定期的に継続して供給することを約する契約のことをいいます。したがって、コンビニエンスストア等の新聞の販売は、定期購読契約に基づくものではないため軽減税率の適用対象外となります。

また、インターネットを通じて配信する電子版の新聞は、電気通信回線を介して行われる役務の提供である「電気通信利用役務の提供」に該当し、新聞の譲渡に該当しないことから、軽減税率の適用対象となりません。

4 消費税の納税義務

（1）納税義務の判定

　消費税の申告納付については、すべての事業者に納税義務があるわけではなく、一定の小規模事業者については、その納税義務が免除されています。具体的には、「基準期間における課税売上高」で判断することとなります。

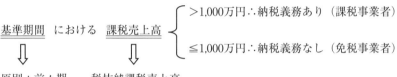

「基準期間における課税売上高」

= 　課税売上高（税抜）

　＋輸出免税売上高

　−課税売上げに係る対価の返還等の金額（税抜）

　−輸出免税売上げに係る対価の返還等の金額

　なお、上記の算式により「基準期間における課税売上高」が1,000万円以下となっている場合であっても以下の項目に該当する場合には、納税義務は免除されないので注意が必要です。

イ　課税事業者を選択する場合

　消費税の還付を受けるために自ら課税事業者を選択する場合には、課税事業者となります（インボイス制度における適格請求書発行事業者として登録する場合にも自ら課税事業者を選択して消費税の納付を行うこととなりま

す。）。

ロ　特定期間の課税売上高が1,000万円を超える場合

　基準期間における課税売上高が1,000万円以下であっても特定期間（原則として前期の6月分）の課税売上高及びその期間の給与総額が1,000万円を超える場合には、課税事業者となります。

ハ　相続があった場合

　免税事業者である相続人が相続により課税事業者である被相続人の事業を承継した場合など一定の場合には、課税事業者となります。

ニ　合併があった場合

　免税事業者である合併法人が合併により課税事業者である被合併法人の事業を承継した場合など一定の場合には、課税事業者となります。

ホ　分割等があった場合

　会社法における会社分割により会社を分割した場合で一定の要件に該当したときは、課税事業者となります。

ヘ　基準期間がない法人（新設法人）で資本金が1,000万円以上の場合

　会社を設立した場合における基準期間がない期間（一般的には設立第1期及び第2期が該当）については、その資本金等が1,000万円以上のときは、課税事業者となります。

ト　基準期間がない法人（特定新規設立法人）でその関連会社の課税売上高が5億円を超える場合

　上記への資本金等が1,000万円未満であってもその関連会社の基準期間に対応する期間における課税売上高が5億円を超える場合など一定の要件を満たすときは、課税事業者となります。

チ　高額特定資産を取得した場合

　課税事業者である課税期間中（簡易課税制度を適用している場合を除く）に1,000万円以上の調整対象固定資産や棚卸資産等を取得した場合には、その取得した課税期間以後の課税期間につき一定期間は課税事業者となります。

（2）インボイス制度導入により免税事業者に与える影響

　インボイス制度が導入された場合には、適格請求書発行事業者が発行する適格請求書（いわゆるインボイス）の保存が仕入税額控除の要件となりますが、適格請求書発行事業者は、必ず課税事業者になる必要があることから注意しなければなりません。

　免税事業者が適格請求書発行事業者になるためには、自ら課税事業者を選択し、適格請求書発行事業者の申請を行う必要があります。

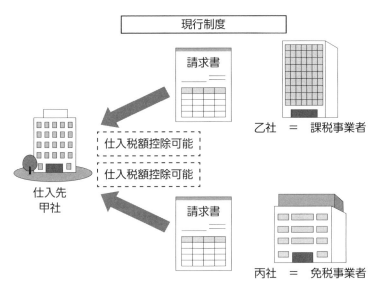

※現行制度においては、免税事業者からの仕入れについても仕入税額控除が
　可能です。

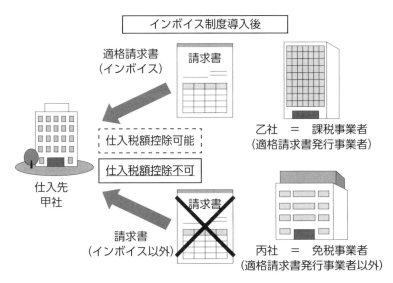

※適格請求書を発行できない免税事業者からの仕入れについては、仕入税額
　控除が出来ません。(経過措置あり。後述)

5　消費税の取引分類

　消費税は、すべての取引に課税されるわけではありません。したがって、消費税の納付税額を計算するためには、どの取引に消費税が課税されているかを判断する必要があります。国内取引に係る消費税は、最終的に、取引を①課税取引②免税取引③非課税取引④不課税取引の4つに分類されます。この4つの取引を間違えると、納付すべき消費税額が適正に計算されないため、重要な項目です。

　なお、取引分類については、以下の3段階に分けて考えることとなります。

【取引分類】

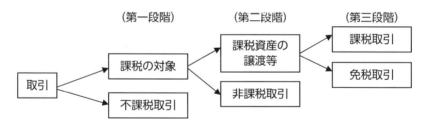

（1）不課税取引

　取引分類の第一段階として「課税の対象」と「不課税取引」とに分類しなければなりません。ここでいう「課税の対象」とは、以下の4つの要件をすべて満たした取引のことをいい、1つでも要件を満たさなければ「不課税取引」となり、消費税の計算において使用しない取引となります。

【課税の対象の4要件】

　イ　国内において行うものであること(注1)。

　ロ　事業者が事業として行うものであること(注2)。

　ハ　対価を得て行うものであること(注3)。

ニ　資産の譲渡、資産の貸付け、役務の提供であること(注4)。

（注1）国内において行われたかどうかの判定は,次に掲げる場合の区分に応じ、それぞれに定める場所が国内にあるかどうかにより行います。

　　㋑　資産の譲渡又は貸付けの場合

　　　●　原則

　　　　　その譲渡又は貸付けが行われる時におけるその資産の所在場所

　　　●　例外

　　　　　その資産が船舶、航空機、特許権などの場合には、その譲渡又は貸付けが行われる時における、登録をした機関の所在地となり、具体的には次のようになります。なお、所在していた場所が明らかでない場合には、その譲渡又は貸付けを行う者のその譲渡又は貸付けに係る事務所等の所在地となります。

資産の種類	判定場所
船舶・航空機 （登録のあるもの）	登録をした機関の所在地（2以上の国で登録している場合には、いずれかの機関の所在地）
船舶・航空機 （登録のないもの）	譲渡又は貸付けを行う者の譲渡又は貸付けに係る事務所等の所在地
鉱業権・粗鉱権・採石権等	鉱区、粗鉱区、採石権場の所在地
特許権・実用新案権・意匠権・商標権等	これらの権利の登録をした機関の所在地（2以上の国で登録している場合には、その権利の譲渡又は貸付けを行う者の住所地）
著作権等	著作権等の譲渡又は貸付けを行う者の住所地
営業権・漁業権・入漁権等	これらの権利に係る事業を行う者の住所地
有価証券（ゴルフ場利用株式等を除く）	有価証券が所在していた場所（株券の発行がない株式については、その譲渡又は貸付けを行う者の譲渡又は貸付けに係る事務所等の所在地）
登録国債	登録をした機関の所在地
出資者持分	持分に係る法人の本店等の所在地
金銭債権	金銭債権に係る債権者の譲渡に係る事務所等の所在地
ゴルフ場利用株式等	ゴルフ場の所在地

※事務所等の所在地と住所地の違い

　判定における「事務所等の所在地」と「住所地」の違いは、「住所地」の場合には本店の所在地で判断することとなり、「事務所等の所在地」の場合には、その譲渡又は貸付けを支店等が行ったときはその支店の所在地で判断することとなります。

　　㋺　役務の提供の場合（下記㊁を除く）

　　　●　原則

　　　　　その役務の提供が行われた場所

　　　●　例外

　　　　　その役務の提供が運輸、通信その他国内及び国外にわたって行われるものである場合には、出発地、発送地又は到着地となります。

　　㋩　金銭の貸付けの場合

　　　　貸付け等を行う者の貸付け等に係る事務所等の所在地で判定します。したがって、内国法人の本店が受け取る金銭の貸付けについては、すべて国内取引となります。

　　㊁　電気通信利用役務の提供

　　　　電気通信回線（インターネット等）を介して配信する電子書籍・音楽・広告等の役務の提供（以下「電気通信利用役務の提供」といいます。）については、役務の提供を受ける者の住所地で国内取引を判定します。

　　　　したがって、国外の事業者が日本の事業者又は消費者に対して配信する電子書籍・音楽・広告等などの役務の提供（電気通信利用役務の提供）については、国内取引として消費税が課税されます。

（注2）法人が行う行為は、すべて事業者が事業として行う取引となります。個人事業者が自宅を売却するなど家事用資産を譲渡する場合には、事業として行っていないため不課税取引となります。

（注3）対価を得て行うものとは、「資産の譲渡等（資産の譲渡、資産の貸付け、役務の提供）に対して反対給付を受けること」をいい、資産の販売等につき代金を受け取ることをいいます。したがって、無償による資産の譲渡は、対価を得ていないこととなり、不課税取引となります。また、この対価については、金銭のみではなく、金銭以外の物、権利その他経済的な利益の額も含まれることから資産の交換、代物弁済なども対価を得て行う取引となります。

　　【対価性のない取引（不課税取引）の具体例】

　　㋑　保険金

　　㋺　損害賠償金

　　㋩　立退料

　　㊁　株式等の配当金

　　㋭　寄付金・祝金・見舞金等

　　㋬　補助金・助成金等

　　㋣　保証金・権利金等（返還義務があるもの）

　　㋠　収用に伴う収益補償金・移転補償金・経費補償金

（注4）資産の譲渡とは、資産を他人に引き渡すことをいい、具体的には、商品等の販売、不動産や車両・機械等の売却などが該当します。

　　　　資産の貸付けとは、賃貸借や消費貸借などの契約に基づき、資産を貸付ける

ことをいい、具体的には、建物や土地の貸付け、特許権・商標権等の使用料、金銭の貸付けなどが該当します。また、資産に係る権利の設定（礼金・権利金・保証金等）も含まれます。

役務の提供とは、請負契約などに基づき、労務、便益等のサービスを提供することをいい、具体的には、土木工事、修繕、運送、保管、印刷、広告、仲介、宿泊、飲食、情報の提供などが該当します。

（2）非課税取引

取引分類の第二段階として、「課税の対象」に該当する取引を「非課税取引」と「課税資産の譲渡等」とに分類しなければなりません。

非課税取引とは、土地の譲渡や株式の売却などの「消費という性格にあわないもの」や低所得者等の税負担を軽減するために「政策的な配慮をすべきもの」について以下の15項目に限定して消費税を課さないこととするものをいいます。

【非課税取引の範囲】

（税の性格から課税することになじまないもの）

① 土地の譲渡、貸付け[注1]

② 社債、株式等（有価証券等）の譲渡[注2]

③ 利子、保証料、保険料など[注3]

④ 郵便切手類、印紙、証紙の譲渡

⑤ 商品券、プリペイドカード（物品切手等）などの譲渡

⑥ 住民票、戸籍抄本等の行政手数料など

⑦ 外国為替業務に係る役務の提供

（社会政策的な配慮に基づくもの）

⑧ 社会保険医療など[注4]

⑨ 介護保険サービス・社会福祉事業など

⑩ 助産に係る資産の譲渡等

⑪ 埋葬料、火葬料に係る役務の提供

⑫　身体障害者用物品の譲渡、貸付けなど

⑬　学校教育法に規定する教育に係る役務の提供（授業料など）

⑭　学校教育法に規定する教科用図書の譲渡

⑮　住宅の貸付け[(注5)]

（注1）土地の譲渡、貸付けに関する注意点

　イ　契約による土地の貸付期間が1月未満の場合は、課税取引となります。

　ロ　駐車場（青空駐車場を除く）、建物、野球場、テニスコートなどの施設の利用又は貸付けが土地の使用を伴うとしても土地の貸付けに該当しません。

　ハ　土地の譲渡・貸付けに係る仲介手数料や土地の造成費は、課税取引となります。

　ニ　駐車場用地の貸付けは、非課税取引となります。

　ホ　公有水面使用料、道路占有料、河川占有料は、土地の貸付けに該当することから非課税取引となります。また、電力会社の電柱の敷設に係る賃貸料は非課税取引となります。

（注2）有価証券等の譲渡に関する注意点

　イ　有価証券等に含まれるものとしては、国債、地方債、社債、株式、証券投資信託等の受益証券、抵当証券、貸付金・預金・売掛金・未収金等の金銭債権などがあります。

　ロ　船荷証券、貨物引換証、倉庫証券、ゴルフ場利用株式（ゴルフ会員権を含む）については、有価証券等に含まれません。したがって、国内のゴルフ場利用株式（ゴルフ会員権を含む）の譲渡は課税取引となります。

　ハ　有価証券の売買手数料は課税取引となります。

（注3）利子等に関する注意点

　イ　利子に該当するものとしては、国債・地方債・社債・貸付金・預金等の利子・利息、投資信託等（株式投資信託等）の収益分配金、割引債の償還差益、金銭債権の買取差益などが該当します。

　ロ　保証料としては、信用保証料や物上保証料が該当し、保険料としては、生命保険料、損害保険料、社会保険料などが該当します。

（注4）社会保険医療等に関する注意点

　　非課税取引となるのは、社会保険診療等による医療であり、自由診療、健康診断料、人間ドック費用、患者都合による差額ベッド代、美容整形等の治療費、保険診療以外の入れ歯、社会保険診療以外の医療品等の販売は、課税取引となります。

（注5）住宅の貸付けに関する注意点

　イ　建物等の貸付けに伴う共益費、権利金、更新料等については、原則として

家賃と同様に取扱います。

| 住宅の貸付けに係る共益費 | 非課税取引 |
| 事務所等（住宅以外）の貸付けに係る共益費 | 課税取引 |

ロ　住宅用の建物を賃貸する場合において、賃借人が自ら使用しない場合であっても、その賃貸借契約において、賃借人が住宅として転貸することが契約書その他において明らかな場合（社宅の借上げなど）には、当該住宅用の建物の貸付けは、住宅の貸付けに含まれます。したがって、法人が建物の所有者から借り受ける取引とその法人がその建物を従業員へ貸付ける取引の両方について非課税取引となります。

【図解】

ハ　賃貸借契約において住宅として貸し付けられた建物について、契約当事者間で住宅以外の用途に変更することについて契約変更した場合には、契約変更後のその建物の貸付けは、課税取引に該当します。

　　なお、賃貸借契約において住宅として借り受けている建物を賃借人が賃貸人との契約変更を行わずに、その賃借人において事業の用に供したとしても、当該建物の借受けは、その賃借人の課税取引とはならず、非課税取引に該当するので注意しなければなりません。

ニ　以下のような取引は、住宅の貸付けではなく、課税取引に該当します。
- ● 事務所、店舗、倉庫、保養所等の貸付け
- ● 契約による貸付期間が1月未満の住宅の貸付け
- ● 旅館・ホテル・ウィークリーマンション等の貸付け
　　なお、ウィークリーマンションの契約が1週間で、その更新を行って長期になったとしても課税取引となります。
- ● 住宅の譲渡（建物部分）
- ● 住宅の貸付けに係る仲介手数料

（3）免税取引

　取引分類の第三段階として、「課税資産の譲渡等」に該当する取引を「免税取引」と「課税取引」に分類しなければなりません。

　「免税取引」とは、「課税資産の譲渡等」のうち輸出取引等に該当する

ものをいいます。これは、消費地課税主義の観点から国外で消費されるものについては日本の消費税を課税しないという趣旨から規定されています。

したがって、「課税取引」とは、「課税資産の譲渡等」に該当する取引のうち「免税取引」以外のものをいいます。

なお、免税取引については、その課税資産の譲渡等が輸出取引等に該当するものであることにつき証明（輸出許可書、税関長の証明書又は輸出の事実を記載した帳簿書類など）がされたものでない場合には、適用されないので注意が必要です（証明できなければ課税取引となります。）。

【輸出取引等の範囲】

免税取引における輸出取引等とは、以下のようなものが該当します。

① 本邦からの輸出として行われる資産の譲渡又は貸付け[注1]

② 外国貨物の譲渡又は貸付け

③ 国内及び国外にわたって行われる旅客若しくは貨物の輸送又は通信（いわゆる国際運輸、国際通信）

④ 専ら国際運輸の用に供される船舶又は航空機の譲渡若しくは貸付け又は修理で一定のもの

⑤ 外国貨物の荷役、運送、保管、検数、鑑定その他これらに類する役務の提供

⑥ 無形固定資産等（特許権、著作権、営業権等）の譲渡又は貸付けで非居住者に対して行われるもの

⑦ 非居住者に対する役務の提供で以下に掲げるもの以外のもの

・国内に所在する資産に係る運送又は保管

・国内における飲食又は宿泊

・国内において直接便益を享受するもの

（注１）輸出業者に対して行う輸出物品の下請加工、輸出物品の販売は、原則として課税取引となります。

【図解】

　また、当社が内国法人に対して販売した場合において、その内国法人の海外支店に当社が直接輸出した場合には免税取引に該当します。

（注２）以下のような取引は、免税取引となります。
- 外国貨物に係る通関業務料金
- 輸出物品販売場における非居住者に対する輸出物品の譲渡
- 外航船等に積み込む一定の物品の譲渡
- 外国公館等に対する課税資産の譲渡等
- 海軍販売所における一定の物品の譲渡

（４）課税取引

　消費税法における課税取引とは、課税資産の譲渡等のうち免税取引に該当しない取引をいい、具体的には、各取引の中で、不課税取引、非課税取引、免税取引に該当しないものをいいます。

　国内取引に係る消費税の取引については、以下のように取扱います。

取引	その取扱い
不課税取引	消費税の計算上まったく考慮する必要のない取引
非課税取引	控除対象仕入税額を計算する際に使用する課税売上割合において考慮しなければならない取引※
免税取引	納税義務の判定や課税売上割合を計算する際に考慮しなければならない取引※
課税取引 （標準税率）	消費税が課税されている取引であり、課税標準額の計算、納税義務の判定、課税売上割合の計算において考慮しなければならない取引で標準税率が適用される取引
課税取引 （軽減税率）	上記の課税取引と同様の取引で軽減税率が適用される取引

※課税売上割合の計算において、非課税取引と免税取引については取扱いが異なります。

　なお、課税取引についても令和元年10月以降は、標準税率（10％）と軽減税率（8％）に区分して消費税の計算を行う必要があります（令和元年9月以前の税率も区分して計算しなければなりません。）。

　また、インボイス制度導入後については、課税仕入れにつき標準税率と軽減税率の区分のほか、「適格請求書における課税仕入れ」と「適格請求書以外における課税仕入れ」に区分しなければならず注意が必要です。

6　課税標準（課税売上げに係る消費税）の計算方法

（1）課税標準額の計算

　消費税の課税標準は、課税資産の譲渡等の対価の額（税抜）のことをいい、「課税資産の譲渡等の対価の額」とは、取引をした際に、対価として収受し又は収受すべき一切の金銭又は金銭以外の物若しくは権利その他経済的な利益の額とし、課税資産の譲渡等につき課されるべき消費税に相当する額を含まないものをいいます。

　具体的な計算としては、以下のように税込の課税売上げの合計額を割戻して計算することとなりますが、標準税率と軽減税率に区分して計算します。

【課税標準額】

① 　標準税率の課税標準額

$$国内課税売上高（税込）の合計額 \times \frac{100}{110} = XXX,XXX円$$

② 　軽減税率の課税標準額

$$国内課税売上高（税込）の合計額 \times \frac{100}{108} = XXX,XXX円$$

　※　消費税の経理処理（税込経理又は税抜経理）にかかわらず税込で計算します。

③ 　特定課税仕入れ（リバースチャージ方式）に係る課税標準額[注]

　　電気通信利用役務の支払対価の額の合計額　＝　XXX,XXX円

　※　税抜にする必要はなく、支払対価の額が課税標準となります。

> （注）国外の事業者が行う電気通信利用役務の提供のうち「事業者向け電気通信利用役務の提供（例:広告の配信等）及び特定役務の提供（芸能・スポーツ関係）」については、その役務の提供を受けた国内の事業者（仕入側）に申告及び納税義務を課すこととなっています（いわゆるリバースチャージ方式）。

（2）課税標準額に対する消費税額の計算

　上記（1）により計算した課税標準額に対して税率を乗じて計算することとなります。

【課税標準額に対する消費税額】

①　標準税率及び特定課税仕入れにおける課税標準額に対する消費税額

　　標準税率の課税標準額（千円未満切捨※）×7.8％

　※　標準税率の課税標準額と特定課税仕入れ（支払対価）を合計した後に千円未満を切り捨てます。

②　軽減税率における課税標準額に対する消費税額

　　軽減税率の課税標準額（千円未満切捨）×6.24％

> （注）インボイス制度導入後においても、適格請求書による課税売上げと適格請求書以外による課税売上げで処理が異なることはありません。

7　仕入税額控除の計算方法

（1）仕入税額控除の考え方

　仕入税額控除は、一般課税と簡易課税に分類され、さらに、一般課税については、その課税期間（いわゆる当期）の課税売上高[注1]が5億円（その課税期間が1年に満たない場合には年換算）を超える場合の計算方法として『個別対応方式』と『一括比例配分方式』があり、その課税期間（当期）の課税売上高が5億円以下かつ課税売上割合[注2]が95％以上の場合の計算方法として『全額控除方式』があります。

　なお、仕入税額控除については、課税仕入れを行った場合に控除が認められますが、具体的には帳簿及び区分記載請求書等の保存が要件となります（簡易課税制度を採用する場合には、この要件はありません。）。

　インボイス制度導入後は、この要件が帳簿及び適格請求書等の保存が要件となりますので注意が必要です（上記2. 参照）。

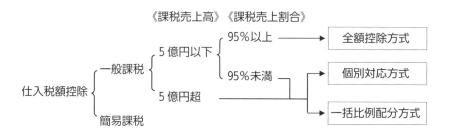

（注1）当課税期間における課税売上高の計算
　　　仕入税額控除の計算方法の判定で使用する課税期間における課税売上高の計算は、以下のようになります。なお、特定課税仕入れに係る課税標準（リバースチャージ方式）については、考慮しません。
　　イ　課税期間が1年である場合

$$\left(\begin{array}{c}\text{課税資産の譲渡等の}\\\text{対価の額の合計額}\end{array}\right)^{※1} - \left(\begin{array}{c}\text{売上げに係る税抜対価の}\\\text{返還等の金額の合計額}\end{array}\right)^{※2}$$

※1　課税資産の譲渡等の対価の額の合計額

$$\left(\begin{array}{c}\text{標準税率が適用される}\\\text{課税売上高の合計額}\end{array}\right) \times \frac{100}{110} + \left(\begin{array}{c}\text{軽減税率が適用される}\\\text{課税売上高の合計額}\end{array}\right) \times \frac{100}{108}$$

＋　免税売上高

※2　売上げに係る税抜対価の返還等の金額の合計額

$$\left(\begin{array}{c}\text{標準税率の課税売上げに係る}\\\text{対価の返還等の金額の合計額}\end{array}\right) \times \frac{100}{110} + \left(\begin{array}{c}\text{軽減税率の課税売上げに係る}\\\text{対価の返還等の金額の合計額}\end{array}\right)$$

$$\times \frac{100}{108} + \left(\begin{array}{c}\text{免税売上げに係る対価}\\\text{の返還等の金額の合計額}\end{array}\right)$$

ロ　課税期間が1年でない場合（1年換算する）

$$\text{上記イの金額} \times \frac{12}{\text{課税期間の月数}^{※}}$$

※　1月未満は1月とする。

（注2）課税売上割合の計算方法

　　課税売上割合とは、『資産の譲渡等の対価の額の合計額（売上げに係る対価の返還等の金額の合計額を除く）』のうちに『課税資産の譲渡等の対価の額の合計額（売上げに係る対価の返還等の金額の合計額を除く）』の占める割合をいい、具体的には、全体の売上高（課税売上高＋免税売上高＋非課税売上高）のうち課税売上高（課税売上高＋免税売上高）の占める割合のことをいいます。

　　なお、特定課税仕入れに係る課税標準（リバースチャージ方式）については、考慮しません。

$$\boxed{\text{課税売上割合}} = \frac{\text{課税資産の譲渡等の対価の額の合計額}^{※1}}{\text{資産の譲渡等の対価の額の合計額}^{※2}}$$

$$= \frac{\text{課税売上高＋免税売上高}}{\text{課税売上高＋免税売上高＋非課税売上高}}$$

※1　課税資産の譲渡等の対価の額の合計額（売上げに係る対価の返還等の金額の合計額を除く）
　　当課税期間における課税売上高（注1参照）と同じ
※2　資産の譲渡等の対価の額の合計額
　　課税資産の譲渡等の対価の額（上記※1の金額）　＋　非課税売上高
　　－　非課税売上げに係る対価の返還等の金額の合計額
　　なお、一定の有価証券等や金銭債権の譲渡については、譲渡対価×5％となります。

（2）全額控除方式の計算方法

　全額控除方式とは、当課税期間に行った課税仕入れ等の税額の全額を控除する計算方法で、税率ごとに区分して以下のようになります。

【全額控除方式における控除対象仕入税額】

標準税率が適用される課税仕入れの合計額（税込）$\times \dfrac{7.8}{110}$

$+$ 軽減税率が適用される課税仕入れの合計額（税込）$\times \dfrac{6.24}{108}$ [※1]

$+$ 引取りの税額（国税分[※2]）

※1　旧税率が適用される課税仕入れの場合には、6.3/108を乗じることとなります。

※2　引取りの税額については、支払対価の額から計算するのではなく、税関に支払った消費税（国税部分）により計算します（以下、個別対応方式及び一括比例配分方式においても同じ）。

（注1）消費者向け電気通信利用役務の提供については、相手先が登録国外事業者の場合のみ仕入税額控除が認められます。

（注2）インボイス制度導入後は、上記の課税仕入れの取引につき適格請求書発行事業者からの課税仕入れと適格請求書発行事業者以外の者からの課税仕入れに区分し、適格請求書発行事業者以外の者からの課税仕入れについては、経過措置規定により80％部分を控除することとなります。

（3）個別対応方式の計算方法

① 控除対象仕入税額の計算方法

　個別対応方式とは、課税仕入れを①課税売上げにのみ対応する課税仕入れ等、②非課税売上げにのみ対応する課税仕入れ等、③両方に共通して対応する課税仕入れ等（以下「共通対応の課税仕入れ等」といいます。）の3つに区分経理して控除税額を計算する方法で、税率ごとに区分して

以下のようになります。

【個別対応方式における控除対象仕入税額】

$$\begin{pmatrix} \text{課税売上げにのみ対応する課税} \\ \text{仕入れ等の税額の合計額}^{※1} \end{pmatrix} + \begin{pmatrix} \text{共通対応の課税仕入れ} \\ \text{等の税額の合計額}^{※2} \end{pmatrix}$$

$$\times \text{　課税売上割合}$$

※1　課税売上げにのみ対応する標準税率の課税仕入高（税込）$\times \dfrac{7.8}{110}$

　　　$+$　課税売上げにのみ対応する軽減税率の課税仕入高（税込）$\times \dfrac{6.24}{108}^{(注)}$

　　　$+$　課税売上げにのみ対応する引取りの税額

　　　（注）旧税率が適用される課税仕入れの場合には、6.3/108を乗じます。

※2　共通対応の標準税率の課税仕入高（税込）$\times \dfrac{7.8}{110}$

　　　$+$　共通対応の軽減税率の課税仕入高（税込）$\times \dfrac{6.24}{108}^{(注)}$

　　　$+$　共通対応の引取りの税額

　　　（注）旧税率が適用される課税仕入れの場合には、6.3/108を乗じます。

②　区分経理の考え方

　上記①のように個別対応方式を計算するためには、課税仕入れ等を3つに区分しなければなりませんが、具体例としては、以下のようになります。

イ　課税売上げにのみ対応する課税仕入れ等

　課税売上げにのみ対応するものとは、課税資産の譲渡等を行うためにのみ必要な課税仕入れ等をいい、控除できる課税仕入れ等のことをいいます。

【具体例】

● そのまま他に譲渡される課税資産（商品仕入高）

● 課税資産の倉庫料、運送費、通信費、広告宣伝費、支払加工賃など

● 課税資産の販売のみを行っている販売店に係る課税仕入れ（賃借料、水道光熱費、通信費、販売員に係る交通費など）

● 課税資産の製造用にのみ消費・使用される原材料、容器、包紙、機械及び装置、工具器具、備品等（製造原価に含まれる課税仕入れ）

● 課税資産の販売のための試供品、試作品、見本品等に係る課税仕入れ

● 事務所用賃貸ビルに係る課税仕入れ（店舗の建物購入費、建物購入のための仲介手数料や司法書士手数料など）

● 保養所使用料収入を受取った場合の保養所賃借料

ロ　非課税売上げにのみ対応する課税仕入れ等

　非課税売上げにのみ対応するものとは、非課税資産の譲渡等を行うためにのみ必要な課税仕入れ等をいい、控除できない課税仕入れ等のことをいいます。

【具体例】

● 販売用土地に係る仲介手数料、造成費

● 居住用賃貸マンションの建築費用（居住用賃貸建物を除く）

● 株式売買手数料

　　外国債に係る手数料は課税売上げ対応となります。

● 社宅利用料収入を受取る場合の社宅の購入費（居住用賃貸建物を除く）、管理手数料等など

　　社宅の共用部分の水道光熱費等なども非課税売上げ対応となりま

す。

- ● 　身体障害者物品等のような非課税売上げに係る課税仕入れ
- ● 　医療法人など社会保険診療収入のみに要する課税仕入れ

　　自由診療収入にのみ要する課税仕入れは、課税売上げ対応となり、社会保険診療と自由診療に区分できない課税仕入れは、共通対応となります。

- ● 　国内の有価証券の売買に伴う委託売買手数料、投資顧問料、保護預り料

ハ　共通対応の課税仕入れ等

　共通対応の課税仕入れ等とは、課税資産の譲渡等と非課税資産の譲渡等とに共通して要する課税仕入れ等又は会社全体に係る課税仕入れ等のことをいい、この課税仕入れ等の税額に課税売上割合を乗じた金額が控除できる課税仕入れ等となります。

【具体例】

- ● 　会社全体に係る通勤手当、福利厚生費、旅費交通費など
- ● 　本社ビルに係る賃借料、通信費、光熱費など
- ● 　会社全体の管理部門（経理部門・総務部門）に係る課税仕入れ

　　会社全体を管理する経理部門や総務部門に係る賃借料、通信費、水道光熱費、人員に係る交通費などは、共通対応となります。

- ● 　土地付建物の販売に係る課税仕入れ
- ● 　不課税取引に係る課税仕入れ（国外の資産の譲渡等に係る課税仕入れを除く）

　　新株発行又は社債発行を行う場合の事務委託費、株主総会の費用、損害賠償請求に係る弁護士費用などが該当します。

- ● 　会社案内に係る広告宣伝費等

　　会社案内等のパンフレットや会社のホームページに係る課税仕入
れは、共通対応となりますが、課税商品カタログや課税商品販売に
おけるホームページに係る課税仕入れは、課税売上げ対応となりま
す。

（4）一括比例配分方式の計算方法

①　控除対象仕入税額の計算方法

　一括比例配分方式とは、簡便法としての計算方法であり、課税仕入れ
等の税額の合計額に課税売上割合を乗じて控除税額を計算する方法で、
税率ごとに区分して以下のようになります。

【一括比例配分方式における控除対象仕入税額】

　課税仕入れ等の税額の合計額[※]　×　課税売上割合

　※　標準税率の課税仕入高（税込）× $\dfrac{7.8}{110}$

　　　＋　軽減税率の課税仕入高（税込）　× $\dfrac{6.24}{108}$^(注)

　　　＋　引取りの税額（国税分）

（注）旧税率が適用される課税仕入れの場合には、6.3/108を乗じます。

②　一括比例配分方式を選択する場合の注意点

イ　2年継続適用

　一括比例配分方式により計算した事業者は、一括比例配分方式により
計算することとした課税期間の初日から2年を経過する日までの間に開
始する各課税期間において当該方法を適用した後の課税期間でなければ
個別対応方式を採用することができないので注意が必要です。

【図解】

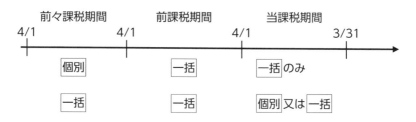

ロ　申告書を提出した場合

　消費税法基本通達15-2-7により、事業者が既に提出している確定申告書において、個別対応方式又は一括比例配分方式のいずれかの計算方式により控除対象仕入税額を計算した場合には、当該申告について修正申告書を提出するときにおいても、当該確定申告書で選択した計算方式により控除対象仕入税額を計算することとなります。したがって、一括比例配分方式により確定申告書を提出した場合、提出後に個別対応方式に変更することができないこととなります。

（5）簡易課税制度の計算方法

①　簡易課税制度の適用要件

　簡易課税制度については、以下の2つの要件を満たした場合に簡易課税制度により仕入税額控除を計算することとなります。なお、適用要件を満たした場合には、その課税期間においては必ず簡易課税制度により控除対象仕入税額を計算しなければならず、一般課税により控除対象仕入税額を計算することはできません（できる規定ではありません。）。

イ　前課税期間の末日までに消費税簡易課税制度選択届出書を提出すること

ロ　基準期間における課税売上高　≦　5,000万円

② 控除対象仕入税額の計算

簡易課税制度における控除対象仕入税額は、以下のようになります。

イ 基礎となる消費税額

$$\left(\begin{array}{c}\text{課税標準額に}\\\text{対する消費税額}\end{array}\right) + \left(\begin{array}{c}\text{貸倒回収に}\\\text{係る消費税額}\end{array}\right) - \left(\begin{array}{c}\text{売上げに係る対価の}\\\text{返還等に係る消費税額}\end{array}\right)$$

ロ 控除対象仕入税額

上記イの金額 × みなし仕入率(注)

（注）みなし仕入率

区　分	業　種	みなし仕入率
第一種事業	卸売業	90%
第二種事業	小売業	80%
第三種事業	製造業等	70%
第四種事業	その他	60%
第五種事業	サービス業等	50%
第六種事業	不動産業	40%

【事業区分の内容】

第一種事業	卸売業（他の者から購入した商品をその性質及び形状を変更しないで他の事業者に対して販売する事業）をいう。
第二種事業	小売業（他の者から購入した商品をその性質及び形状を変更しないで販売する事業で第一種事業以外のもの）をいう。 ※　令和元年10月１日より農業、林業、漁業のうち、消費税の軽減税率が適用される飲食料品の譲渡は第二種事業となる。
第三種事業	次に掲げる事業をいう。 ①農業②林業③漁業④鉱業⑤建設業⑥製造業（製造小売業を含む）⑦電気業、ガス業、熱供給業及び水道業 ※　加工賃その他これに類する料金を対価とする役務の提供を行う事業（いわゆる下請け業）は除かれ、第四種事業となる。
第四種事業	第一種事業、第二種事業、第三種事業、第五種事業及び第六種事業以外の事業をいい、次の事業が該当する。 ①飲食店業②事業用固定資産の売却

第五種事業	次に掲げる事業（第一種事業、第二種事業及び第三種事業を除く）をいう。 ①運輸通信業②金融保険業③サービス業（飲食店業に該当するものを除く）
第六種事業	不動産業（賃貸・管理・仲介）をいう。

第2章

インボイス制度導入のための事前準備

1　インボイス制度の概要

（1）制度の概要

　軽減税率制度の実施により、複数税率制度の下で適正な課税を確保する観点から、複数税率に対応した仕入税額控除の方式として、「適格請求書等保存方式」（いわゆるインボイス制度）が令和5年10月1日から導入されます。

　適格請求書等保存方式においては、現行の帳簿及び区分記載請求書等保存方式における区分記載請求書等に代えて、税務署長に申請して登録を受けた課税事業者[注1]が交付する「適格請求書」等[注2]の保存が仕入税額控除の要件[注3]となります。

　なお、仕入税額控除の要件として保存が必要な「適格請求書」を発行できる事業者は、「適格請求書発行事業者」としての登録を受けた事業者に限られます。

　また、帳簿及び区分記載請求書等と同様の事項が記載された請求書等（適格請求書等以外のもの）を保存している場合には、一定期間において、仕入税額相当額の一定割合を仕入税額として控除できる経過措置が設けられています。

　インボイス制度が導入されることで変更されるポイントは、以下のようになります。

【インボイス制度が導入されたら何が変更されるのか】

● 　適格請求書は、登録を受けた事業者のみが交付できます。（売り手側）

● 　登録を受けた事業者には、適格請求書を交付する義務が生じます。（売り手側）

● 　適格請求書発行事業者の登録には、申請が必要です。（売り手側）

● 請求書に記載すべき事項が変わります。（売り手側）

● 仕入税額控除の適用を受けるためには、適格請求書等の保存が必要

となります。（買い手側）

● 消費税額の計算方法が変わります。（積上げ方式と割戻し方式の選択適

用）

（注1）適格請求書発行事業者制度

適格請求書発行事業者の登録は、納税地を所轄する税務署長に申請書を提出して適用を受けることとなります。

ただし、「適格請求書発行事業者」の登録を受けることができる事業者は、課税事業者に限られますので、免税事業者は登録を受けることができません。

なお、免税事業者であっても、課税事業者を自ら選択することで「適格請求書発行事業者」の登録を受けることができます（免税事業者が令和5年10月1日から令和11年9月30日までの日の属する課税期間において登録を受けることとなった場合には、登録を受けた日から課税事業者となる経過措置が設けられています。）。

適格請求書発行事業者の登録申請書については、令和3年10月1日から提出することが可能となっており、令和5年10月1日から適格請求書発行事業者になるためには、原則として、令和5年3月31日までに申請書を提出する必要があります。

（注2）適格請求書等の記載事項

「適格請求書」とは、次に掲げる事項を記載した請求書、納品書その他これらに類する書類をいいます。

なお、小売業、飲食業、タクシー業等の不特定多数の者に対して課税資産の譲渡等を行う事業に係る事業者については、適格請求書の記載事項を簡易にした「適格簡易請求書」を発行することができます。

【適格請求書の記載事項】

① 　適格請求書発行事業者の氏名又は名称及び<u>登録番号</u>

② 　課税資産の譲渡等を行った年月日

③ 　課税資産の譲渡等に係る資産又は役務の内容（軽減対象資産の譲渡等である旨）

④ 　課税資産の譲渡等に係る税抜価額又は税込価額を税率の異なるごとに区分して合計した金額及び<u>適用税率</u>

⑤ 　<u>税率ごとに区分して合計した消費税額等</u>

⑥ 　書類の交付を受ける事業者の氏名又は名称

※ 　下線部は、従来の区分記載請求書と異なる部分です。

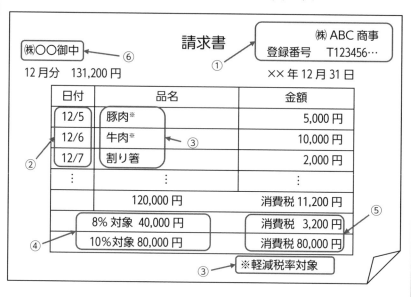

【適格簡易請求書の記載事項】
① 適格請求書発行事業者の氏名又は名称及び登録番号
② 課税資産の譲渡等を行った年月日
③ 課税資産の譲渡等に係る資産又は役務の内容（軽減対象資産の譲渡等である旨）
④ 課税資産の譲渡等に係る税抜価額又は税込価額を税率の異なるごとに区分して合計した金額
⑤ 消費税額等又は適用税率

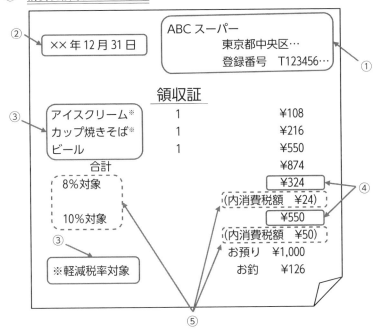

【各請求書等における消費税額等の意義】
　請求書における消費税額等とは、消費税額及び地方消費税額の合計額をいい、課税資産の譲渡等に係る税抜価額を税率の異なるごとに区分して合計した金額に100分の10（軽減対象課税資産の場合100分の8）を乗じて計算した金額又は課税資産の譲渡等に係る税込価額を税率の異なるごとに区分して合計した金額に110分の10（軽減対象課税資産の場合108分の8）を乗じて計算した金額とします。
　なお、消費税額等の計算において1円未満の端数が生じた場合には、税率の異なるごとに当該端数を処理します（端数処理は、請求書ごとで1回のみ行います。）。

（注3）インボイス制度導入後の仕入税額控除の要件

　　令和5年10月1日以降、仕入税額控除を行うには、一定の事項を記載した帳簿[※1]及び適格請求書発行事業者が交付する「適格請求書」等[※2]の保存が要件となります。

　　なお、適格請求書の交付義務が免除される公共交通機関からの課税仕入れなど一定の場合[※3]には、帳簿のみの保存により仕入税額控除が認められます（3万円未満の取引については帳簿のみで控除可能という現行の規定は廃止されます。）。

　　したがって、免税事業者や消費者など適格請求書発行事業者以外の者から行った課税仕入れについては、原則として仕入税額控除の適用を受けることができません。

　　ただし、令和5年10月1日から令和11年9月30日までの間に行った適格請求書発行事業者以外の事業者からの課税仕入れについては、一定額の仕入税額控除を認める経過措置[※4]があります。

　　また、インボイス制度導入後には、消費税の計算方法として積上げ計算[※5]も認められることとなります。

※1　帳簿の記載事項

　　インボイス制度導入後の帳簿の記載事項は以下の通りであり、現行の区分記載請求書保存方式と同様の内容となります。

①　課税仕入れの相手方の氏名又は名称

②　取引年月日

③　取引内容（軽減税率の対象品目である旨）

④　対価の額

※2　保存が必要となる請求書等の範囲

　　仕入税額控除の要件として保存が必要となる請求書等には、以下のものが含まれます。

①　売手が交付する適格請求書又は適格簡易請求書

②　買手が作成する仕入明細書等（適格請求書の記載事項が記載されており、相手方の確認を受けたもの）

③　卸売市場において委託を受けて卸売の業務として行われる生鮮食料品等の譲渡及び農業協同組合等が委託を受けて行う農林水産物の譲渡について、受託者から交付を受ける一定の書類

④　上記①から③の書類に係る電磁的記録

※3　帳簿のみの保存で仕入税額控除が認められる場合

　　適格請求書などの請求書等の交付を受けることが困難な以下の取引は、帳簿のみの保存で仕入税額控除が認められます。

①　適格請求書の交付義務が免除される3万円未満の公共交通機関の取引

②　適格簡易請求書の記載事項を満たす入場券等が、使用の際に回収される

取引

③　古物営業、質屋又は宅地建物取引業を営む事業者が適格請求書発行事業者でない者から、古物、質物又は建物を当該事業者の棚卸資産として取得する取引

④　適格請求書発行事業者でない者から再生資源又は再生部品を棚卸資産として購入する取引

⑤　従業員等に支給する通常必要と認められる出張旅費、宿泊費、日当及び通勤手当等に係る課税仕入れ

※4　免税事業者等からの課税仕入れに係る経過措置

インボイス制度導入後は、適格請求書発行事業者以外の事業者からの課税仕入れ等については仕入税額控除ができなくなりますが、区分記載請求書等と同様の事項が記載された請求書等を保存している場合には、以下のように一定期間について仕入税額相当額の一定割合を仕入税額として控除できる経過措置が設けられています。

期間	割合
令和 5 年10月 1 日から 令和 8 年 9 月30日まで	仕入税額相当額の80%
令和 8 年10月 1 日から 令和11年 9 月30日まで	仕入税額相当額の50%

※5　インボイス制度導入後の消費税額の計算

消費税の計算方法において、令和 5 年10月 1 日以降の売上税額及び仕入税額の計算は、①適格請求書等に記載のある消費税額を積上げて計算する「積上げ計算」と現行の計算方法と同様に②適用税率ごとの取引総額に 8 ／108又は10／110を乗じて計算する「割戻し計算」を選択することができます。

ただし、売上税額を「積上げ計算」により計算する場合には、仕入税額も「積上げ計算」により計算しなければなりません。

（2）令和 4 年度税制改正

令和 4 年度の税制改正により、インボイス制度について以下の改正が行われました。

①　適格請求書発行事業者の登録に関する経過措置の適用期間の延長

適格請求書発行事業者の登録については、免税事業者が令和 5 年10月 1 日の属する課税期間中に適格請求書発行事業者の登録を受けた場合は、

登録を受けた日から適格請求書発行事業者となることができる経過措置
が設けられていますが、当該経過措置の適用期間が延長され、令和5年
10月1日から令和11年9月30日までの日の属する課税期間においても、
登録を受けた日から適格請求書発行事業者となることができることとさ
れました。（下記イ参照）

　なお、上記の経過措置の適用を受けて適格請求書発行事業者となった
場合、登録を受けた日から2年を経過する日の属する課税期間の末日ま
では、免税事業者となることはできないので注意が必要です（登録を受
けた日が令和5年10月1日の属する課税期間中である場合を除きます。）。（下
記ロ参照）

　また、上記経過措置の適用を受けた場合、延長された期間においても
登録を受けた日の属する課税期間中に消費税簡易課税制度選択届出書を
提出することにより、その課税期間から簡易課税制度を適用することが
できます。

イ　個人事業者又は12月決算法人の場合の課税期間中の登録

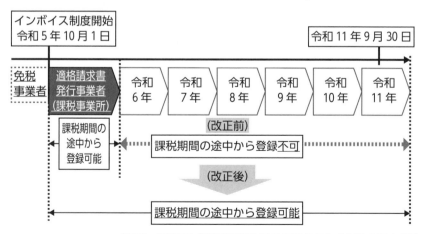

（出典：国税庁「消費税法改正のお知らせ」（令和4年4月））

ロ　個人事業者又は12月決算法人が、経過措置により令和6年2月1日

に登録を受け、令和 7 年 9 月30日に取消手続を行った場合の事業者免
税点制度の適用制限期間

　この場合、令和 8 年12月末までは免税事業者となることはできませ
んので、登録取消の手続き※を行ったとしても、基準期間の課税売上
高にかかわらず課税事業者となります。

　したがって、取消し後の基準期間における課税売上高が 1 千万円以
下となり、免税事業者となることができるのは、令和 9 年以降の課税
期間となります。

※「適格請求書発行事業者の登録の取消しを求める旨の届出書」の提出が必要と
　なります。

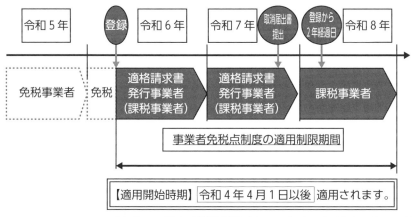

（出典：国税庁「消費税法改正のお知らせ」（令和 4 年 4 月））

② 　納税管理人の届出を行っていない場合や虚偽記載を行って登録を受
　けた場合の登録の取消し

　納税管理人を定める必要のある特定国外事業者以外の事業者が、納税
管理人の届出を行っていない場合の申請について、登録を拒否すること
ができることとされました（納税管理人を定める必要のある適格請求書発行
事業者が納税管理人の届出を行っていない場合は、登録を取り消すこととなり

ます。)。

　また、事業者が、虚偽の内容を記載した適格請求書発行事業者の登録申請書を提出して登録を受けた場合には、税務署長は、その登録を取り消すことができることとされました。

③　**適格請求書発行事業者以外の者からの課税仕入れに係る経過措置の見直し（区分記載請求書に係る電磁的記録の提供を受けた場合における仕入税額控除）**

　適格請求書発行事業者以外の者からの課税仕入れに係る経過措置（80％控除又は50％控除）の適用については、売り手側から「書類」で交付された区分記載請求書の保存が要件とされていましたが、区分記載請求書に係る電磁的記録の提供を受け、これを保存する場合にも、経過措置の適用を受けることができることとされました。

④　**経過措置期間における棚卸資産に係る消費税額の調整規定の見直し**

　免税事業者である期間において行った課税仕入れについて、適格請求書発行事業者から行ったものであるか否かにかかわらず、免税事業者が課税事業者となった初日の前日において有する棚卸資産に係る消費税額の全額について、仕入税額控除の適用を受けることができることとされました。

《軽減税率制度・適格請求書等保存方式の施行スケジュール》

仕入税額控除の方式	請求書等保存方式（〜令和元年9月）	区分記載請求書等保存方式（令和元年10月〜）	適格請求書等保存方式（令和5年10月〜）
税率	8.0%（消費税率6.3%、地方消費税率1.7%）	○ 標準税率 10.0%（消費税率7.8%、地方消費税率2.2%） ○ 軽減税率 8.0%（消費税率6.24%、地方消費税率1.76%）	
請求書等	請求書の記載事項 ・発行者の氏名又は名称 ・取引年月日 ・取引の内容 ・対価の額（税込み） ・受領者の氏名又は名称	左記に加え ①軽減対象資産の譲渡等である旨 ②税率ごとに区分して合計した課税資産の譲渡等の対価の額（税込み） ※ 上記①②は交付を受けた事業者の追記可	左記に加え ①登録番号 ②税率ごとの消費税額及び適用税率 ※ 「税率ごとに区分して合計した課税資産の譲渡等の対価の額」は税抜価額又は税込価額
		交付義務なし・類似書類等交付の罰則なし ※ 免税事業者も交付可	交付義務あり・類似書類等交付の罰則あり ※ 免税事業者は交付不可
仕入税額控除の要件	帳簿及び請求書等の保存が要件 ※ 免税事業者等からの仕入税額控除可	帳簿及び区分記載請求書等（交付を受けた事業者が追記した区分記載請求書等を含む。）の保存が要件 ※ 免税事業者等からの仕入税額控除可	帳簿及び適格請求書等の保存が要件 ※ 免税事業者等からの仕入税額控除不可　ただし、以下の特例あり。 令和5年10月〜令和8年9月 80%控除可 令和8年10月〜令和11年9月 50%控除可
	せり売りなどにおいて代替発行された請求書による仕入税額控除可		一定の要件の下、媒介者等により交付された適格請求書による仕入税額控除可
	中古品販売業者の消費者からの仕入れ等は、帳簿の記載のみで仕入税額控除可		請求書等の交付を受けることが困難な一定の取引は、帳簿の記載のみで仕入税額控除可
	3万円未満（税込み）の取引は、帳簿の記載のみで仕入税額控除可		原則として、3万円未満の取引も適格請求書等の保存が必要
適格請求書発行事業者登録制度		令和3年10月から申請受付・登録開始 ※ 課税事業者のみ登録可	
税額計算	取引総額からの「割戻し計算」	税率ごとの取引総額からの「割戻し計算」	・税率ごとの取引総額からの「割戻し計算」 ・適格請求書の税額の「積上げ計算」のいずれかの方法によることが可
売上税額の計算の特例（注）		軽減税率対象売上げのみなし計算（4年間）	
仕入税額の計算の特例（注）		軽減税率対象仕入れのみなし計算（1年間）	
		簡易課税制度の届出の特例（1年間）	

（注） 税額計算の特例は、中小事業者（基準期間における課税売上高が5,000万円以下の事業者をいいます。）のみに適用が認められます。

（出典：国税庁「消費税軽減税率制度の手引き」（令和3年8月版））

2 適格請求書発行事業者登録制度

（1）適格請求書発行事業者の登録申請

① 登録申請手続き

　適格請求書発行事業者とは、免税事業者以外の事業者（いわゆる課税事業者）であって、納税地を所轄する税務署長に登録申請書を提出し、適格請求書を交付することのできる事業者として登録を受けた事業者となります。

　適格請求書発行事業者は、登録申請書を事前に提出しておく必要がありますが、令和3年10月1日からその提出の受付を開始しています。

　その登録申請書の提出を受けた税務署長は、登録拒否要件に該当しない限り、適格請求書発行事業者登録簿に法定事項を登載して登録を行い、登録を受けた事業者に対して、その旨を書面で通知することとされています。※

　なお、その課税期間の基準期間における課税売上高が1,000万円以下の事業者は、原則として免税事業者となりますが、適格請求書発行事業者として登録した場合には、その基準期間における課税売上高が1,000万円以下となった場合でも免税事業者とならないので注意が必要です。

※　登録申請書は、e-Taxを利用して提出することもでき、この場合、登録の通知はe-Taxを通じて行われます。

【登録申請書】

第1-(1)号様式

国内事業者用

適格請求書発行事業者の登録申請書

【1／2】

収受印			
令和　年　月　日	申	（フリガナ） 住 所 又 は 居 所 （法人の場合） 本 店 又 は 主 た る 事 務 所 の 所 在 地	（〒　　－　　） ◎（法人の場合のみ公表されます） （電話番号　　－　　－　　）
	請	（フリガナ） 納　　税　　地	（〒　　－　　） （電話番号　　－　　－　　）
		（フリガナ） ◎ 氏 名 又 は 名 称	
_____ 税務署長殿	者	（フリガナ） （法人の場合） 代 表 者 氏 名	
		法 人 番 号	

　この申請書に記載した次の事項（◎印欄）は、適格請求書発行事業者登録簿に登載されるとともに、国税庁ホームページで公表されます。
1　申請者の氏名又は名称
2　法人（人格のない社団等を除く。）にあっては、本店又は主たる事務所の所在地
　なお、上記1及び2のほか、登録番号及び登録年月日が公表されます。
　また、常用漢字等を使用して公表しますので、申請書に記載した文字と公表される文字とが異なる場合があります。

　下記のとおり、適格請求書発行事業者としての登録を受けたいので、所得税法等の一部を改正する法律（平成28年法律第15号）第5条の規定による改正後の消費税法第57条の2第2項の規定により申請します。
　※　当該申請書は、所得税法等の一部を改正する法律（平成28年法律第15号）附則第44条第1項の規定により令和5年9月30日以前に提出するものです。

　令和5年3月31日（特定期間の判定により課税事業者となる場合は令和5年6月30日）までにこの申請書を提出した場合は、原則として令和5年10月1日に登録されます。

事 業 者 区 分	この申請書を提出する時点において、該当する事業者の区分に応じ、□にレ印を付してください。
	□ 課税事業者　　　　　　　　□ 免税事業者 ※　次葉「登録要件の確認」欄を記載してください。また、免税事業者に該当する場合には、次葉「免税事業者の確認」欄も記載してください（詳しくは記載要領等をご確認ください。）。
令和5年3月31日（特定期間の判定により課税事業者となる場合は令和5年6月30日）までにこの申請書を提出することができなかったことにつき困難な事情がある場合は、その困難な事情	
税 理 士 署 名	（電話番号　　－　　－　　）

※税務署処理欄	整理番号		部門番号		申請年月日	年　月　日	通信日付印	年　月　日	確認印
	入力処理	年　月　日	番号確認		身元確認	□ 済 □ 未済	確認書類	個人番号カード／通知カード・運転免許証 その他（　　　）	
	登録番号	T							

注意　1　記載要領等に留意の上、記載してください。
　　　2　税務署処理欄は、記載しないでください。
　　　3　この申請書を提出するときは、「適格請求書発行事業者の登録申請書（次葉）」を併せて提出してください。

第1−(1)号様式次葉

【国内事業者用】

適格請求書発行事業者の登録申請書（次葉）

【2／2】

氏 名 又 は 名 称	

この申請書は、令和三年十月一日から令和五年九月三十日までの間に提出する場合に使用します。

該当する事業者の区分に応じ、□にレ印を付し記載してください。

免税事業者の確認

□ 令和5年10月1日から令和11年9月30日までの日の属する課税期間中に登録を受け、所得税法等の一部を改正する法律（平成28年法律第15号）附則第44条第4項の規定の適用を受けようとする事業者
　　※ 登録開始日から納税義務の免除の規定の適用を受けないこととなります。

個 人 番 号					
事業内容等	生 年 月 日 （個人）又は設立年月日（法人）	1明治・2大正・3昭和・4平成・5令和 　　年　　月　　日	法人のみ記載	事 業 年 度	自　　月　　日 至　　月　　日
				資 本 金	円
	事 業 内 容			登 録 希 望 日 （令和5年10月1日を希望する場合、記載不要）	令和　　年　　月　　日

□ 消費税課税事業者（選択）届出書を提出し、納税義務の免除の規定の適用を受けないこととなる課税期間の初日から登録を受けようとする事業者

課 税 期 間 の 初 日 ※ 令和5年10月1日から令和6年3月31日までの間のいずれかの日
令和　　年　　月　　日

登録要件の確認

課税事業者です。 ※　この申請書を提出する時点において、免税事業者であっても、「免税事業者の確認」欄のいずれかの事業者に該当する場合は、「はい」を選択してください。	□ はい　□ いいえ
納税管理人を定める必要のない事業者です。 （「いいえ」の場合は、次の質問にも答えてください。）	□ はい　□ いいえ
納税管理人を定めなければならない場合（国税通則法第117条第1項） 【個人事業者】　国内に住所及び居所（事務所及び事業所を除く。）を有せず、又は有しないこととなる場合 【法　人】　国内に本店又は主たる事務所を有しない法人で、国内にその事務所及び事業所を有せず、又は有しないこととなる場合	
納税管理人の届出をしています。 「はい」の場合は、消費税納税管理人届出書の提出日を記載してください。 消費税納税管理人届出書　（提出日：令和　　年　　月　　日）	□ はい　□ いいえ
消費税法に違反して罰金以上の刑に処せられたことはありません。 （「いいえ」の場合は、次の質問にも答えてください。）	□ はい　□ いいえ
その執行を終わり、又は執行を受けることがなくなった日から2年を経過しています。	□ はい　□ いいえ

参 考 事 項	

② 届出の効力

　登録の効力は、通知の日にかかわらず、適格請求書発行事業者登録簿に登載された日（登録日）に発生します。登録日以降の取引については、相手方（課税事業者に限ります。）の求めに応じ、適格請求書の交付義務があります。

　なお、令和5年10月1日より前に登録の通知を受けた場合であっても、登録日は令和5年10月1日となります。

　また、インボイス制度が導入される令和5年10月1日に登録を受けようとする事業者は、<u>令和5年3月31日</u>^(注)までに登録申請書を税務署長に提出しなければならないので注意する必要があります。

> （注）令和5年3月31日[※]までに登録申請書を提出できなかったことにつき困難な事情がある場合に、令和5年9月30日までの間に登録申請書にその困難な事情を記載して提出し、税務署長により適格請求書発行事業者の登録を受けたときは、令和5年10月1日に登録を受けたものとみなされます。なお、「困難な事情」については、その困難の度合いは問いません。
> ※　特定期間（原則として前課税期間の6月分）における課税売上高が1,000万円を超えたことにより課税事業者となる場合は令和5年6月30日までに提出することとなります。

《登録申請のスケジュール》

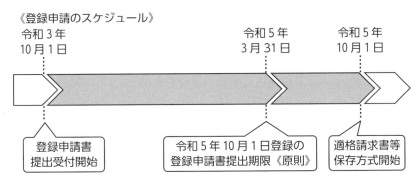

（出典：国税庁「インボイス制度に関するQ&A」）

③　**免税事業者が令和5年10月1日から令和11年9月30日までの日の属する課税期間中に登録を受ける場合**

　免税事業者が登録を受けるためには、原則として、消費税課税事業者選択届出書を提出し、課税事業者となる必要がありますが、令和5年10月1日から令和11年9月30日までの日の属する課税期間中に登録を受ける場合には、登録日から課税事業者となる経過措置が設けられています。この経過措置の適用を受ける場合には、課税事業者選択届出書を提出する必要はありません。

　なお、この経過措置の適用を受けない課税期間に登録を受ける場合については、原則どおり、課税事業者選択届出書を提出し、課税事業者となる必要があります。

　この経過措置の適用を受ける登録日の属する課税期間が令和5年10月1日を含まない場合には、登録日の属する課税期間の翌課税期間から登録日以後2年を経過する日の属する課税期間までの各課税期間は、免税事業者となることはできません。

　また、上記経過措置の適用を受けた場合、延長された期間においても登録を受けた日の属する課税期間中に消費税簡易課税制度選択届出書を提出することにより、その課税期間から簡易課税制度を適用することができます。

《免税事業者に係る登録の経過措置》
　（例）免税事業者である個人事業者が令和5年10月1日に登録を受けるため、令和
　　　　5年3月31日までに登録申請書を提出し、令和5年10月1日に登録を受けた場
　　　　合

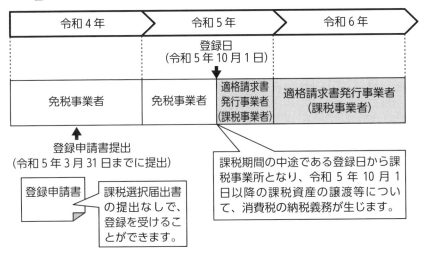

（出典：国税庁「インボイス制度に関するQ＆A」）

④　新設法人等の登録時期の特例

　免税事業者である新設法人の場合、事業を開始した日の属する課税期間の末日までに課税事業者選択届出書を提出すれば、その事業を開始した日の属する課税期間の初日から課税事業者となることができます。

　また、新設法人が、事業を開始した日の属する課税期間の初日から登録を受けようとする旨を記載した登録申請書を、事業を開始した日の属する課税期間の末日までに提出した場合において税務署長により適格請求書発行事業者登録簿への登載が行われたときは、その課税期間の初日に登録を受けたものとみなされます。

　したがって、免税事業者である新設法人が事業開始（設立）時から、適格請求書発行事業者の登録を受けるためには、設立後、その課税期間の末日までに、課税事業者選択届出書と登録申請書を併せて提出すること

が必要です。

　なお、課税事業者である新設法人の場合については、事業を開始した課税期間の末日までに、事業を開始した日の属する課税期間の初日から登録を受けようとする旨を記載した登録申請書を提出することで、新設法人等の登録時期の特例の適用を受けることができます。

　これは、新設合併、新設分割、個人事業者の新規開業等の場合も同様に取り扱います。

《新設法人等の登録時期の特例》
（例）令和5年11月1日に法人（3月決算）を設立し、令和6年2月1日に登録申請書と課税選択届出書を併せて提出した免税事業者である新設法人の場合

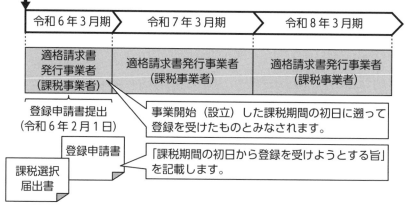

（出典：国税庁「インボイス制度に関するQ＆A」）

⑤　適格請求書発行事業者の登録の取消し

　適格請求書発行事業者は、税務署長に「適格請求書発行事業者の登録の取消しを求める旨の届出書」（以下「登録取消届出書」といいます。）を提出することにより、適格請求書発行事業者の登録の効力を失わせることができます。

　この場合においては、原則として、登録取消届出書の提出があった日

の属する課税期間の翌課税期間の初日に登録の効力が失われることとなります。

　ただし、登録取消届出書を、その提出があった日の属する課税期間の末日から起算して30日前の日からその課税期間の末日までの間に提出した場合は、その提出があった日の属する課税期間の翌々課税期間の初日に登録の効力が失われることとなるので注意が必要です。

　また、税務署長は、次の場合に該当するときは適格請求書発行事業者の登録を取り消すことができます。

　イ　１年以上所在不明である場合

　ロ　事業を廃止したと認められる場合

　ハ　合併により消滅したと認められる場合

　ニ　納税管理人を定めなければならない事業者が納税管理人の届出をしていない場合

　ホ　消費税法の規定に違反して罰金以上の刑に処せられた場合

　ヘ　登録申請手続において虚偽の内容を記載し、登録を受けた場合

《適格請求書発行事業者の登録の取消届出》
（例１）適格請求書発行事業者である法人（３月決算）が令和７年２月１日に登録取消届出書を提出した場合

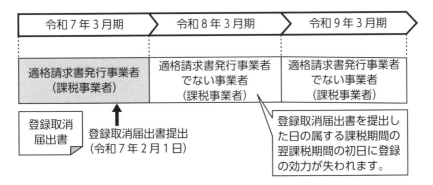

（例2）適格請求書発行事業者である法人（3月決算）が令和7年3月15日に登録取消届出書を提出した場合（届出書を、その提出のあった日の属する課税期間の末日から起算して30日前の日から、その課税期間の末日までの間に提出した場合）

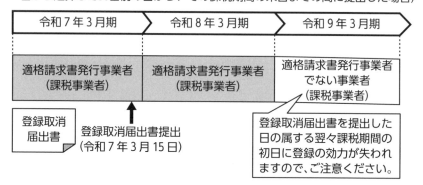

（出典：国税庁「インボイス制度に関するQ&A」）

⑥　手続きが必要なケース

　上記⑤の適格請求書発行事業者の登録の取消しのように手続きが必要なケースは以下のようになります。

手続きが必要なケース	提出しなければならない届出書
次の事項に変更があった場合 ● 氏名又は名称 ● 法人の場合、本店又は主たる事務所の所在地	適格請求書発行事業者登録簿の登載事項変更届出書
適格請求書発行事業者の公表事項の公表（変更）申出書に記載した公表事項に変更があった場合	適格請求書発行事業者の公表事項の公表（変更）申出書
登録の取消しを求める場合※1	適格請求書発行事業者の登録の取消しを求める旨の届出書※2
事業を廃止した場合	事業廃止届出書
法人が合併により消滅した場合	合併による法人の消滅届出書
個人事業者が死亡した場合※1	適格請求書発行事業者の死亡届出書

※1　令和5年10月1日以降提出することができます。
※2　課税事業者選択届出書を提出した事業者が免税事業者に戻るためには課税事業者選択不適用届出書の提出も必要となります。

【適格請求書発行事業者登録簿の登載事項変更届出書】

第2-(1)号様式

適格請求書発行事業者登録簿の登載事項変更届出書

収受印		（フリガナ）	
令和　年　月　日	届出者	納　税　地	（〒　　－　　　） （電話番号　　　－　　　－　　　）
		（フリガナ）	
		氏名又は名称及び代表者氏名	
		法　人　番　号	※　個人の方は個人番号の記載は不要です。
_____税務署長殿		登　録　番　号	T

　下記のとおり、適格請求書発行事業者登録簿に登載された事項に変更があったので、所得税法等の一部を改正する法律（平成28年法律第15号）第5条の規定による改正後の消費税法第57条の2第8項の規定により届出します。
　※　当該申請書は、所得税法等の一部を改正する法律（平成28年法律第15号）附則第44条第2項の規定により令和5年9月30日以前に提出するものです。

変更の内容	変　更　年　月　日	令和　　　年　　　月　　　日		
	変　更　事　項	☐　氏名又は名称 ☐　法人（人格のない社団等を除く。）にあっては、本店又は主たる事務所の所在地 ☐　国外事業者にあっては、国内において行う資産の譲渡等に係る事務所、事業所その他これらに準ずるものの所在地 　※　当該事務所等を国内に有しないこととなる場合は、次葉も提出してください。		
	変　更　前	（フリガナ）		
	変　更　後	（フリガナ）		
	※　変更後の内容については、国税庁ホームページで公表されます。 　なお、常用漢字等を使用して公表しますので、届出書に記載した文字と公表される文字とが異なる場合があります。			

参　考　事　項	
税　理　士　署　名	（電話番号　　　－　　　－　　　）

※税務署処理欄	整　理　番　号		部　門　番　号			
	届出年月日	年　月　日	入　力　処　理	年　月　日	番　号　確　認	

注意　1　記載要領等に留意の上、記載してください。
　　　2　税務署処理欄は、記載しないでください。

インボイス制度

第2－(1)号様式次葉

適格請求書発行事業者登録簿の登載事項変更届出書（次葉）

※　本届出書（次葉）は、特定国外事業者以外の国外事業者が国内において行う資産の譲渡等に係る事
　務所、事業所その他これらに準ずるものを国内に有しないこととなった場合に、適格請求書発行事業
　者登録簿の登載事項変更届出書とともに提出してください。

		氏名又は名称		

引き続き、適格請求書発行事業者として事業を継続します。	☐ はい　☐ いいえ
（「はい」の場合は、以下の質問にも答えて下さい。）	

<table>
<tr><td rowspan="5">特定国外事業者に係る確認事項</td><td rowspan="4">税務代理人</td><td colspan="2">消費税に関する税務代理の権限を有する税務代理人がいます。</td><td>☐ はい　☐ いいえ</td></tr>
<tr><td colspan="2">（「はい」の場合は、次の「税務代理人」欄を記載してください。）</td><td></td></tr>
<tr><td>（フリガナ）
事務所の所在地</td><td>（〒　　－　　）

（電話番号　　　－　　　－　　　）</td><td></td></tr>
<tr><td>（フリガナ）
氏名等</td><td></td><td></td></tr>
<tr><td colspan="3">納税管理人を定めています。</td><td>☐ はい　☐ いいえ</td></tr>
</table>

「はい」の場合は、消費税納税管理人届出書の提出日を記載してください。	
消費税納税管理人届出書　（提出日：平成　　　年　　月　　日）	

現在、国税の滞納はありません。	☐ はい　☐ いいえ

参考事項	

この届出書は、令和三年十月一日から令和五年九月三十日までの間に提出する場合に使用します。

【適格請求書発行事業者の公表事項の公表（変更）申出書】

適格請求書発行事業者の公表事項の公表（変更）申出書

収受印

令和　年　月　日	申出者	（フリガナ）	
		納　税　地	（〒　　　－　　　） （電話番号　　－　　－　　）
		（フリガナ）	
		氏名又は名称及び代表者氏名	
税務署長殿		法　人　番　号	※　個人の方は個人番号の記載は不要です。
		登　録　番　号	T

国税庁ホームページの公表事項について、下記の事項を追加（変更）し、公表することを希望します。

新たに公表する事項

新たに公表を希望する事項の□にレ印を付し記載してください。

個人事業者

□ 主たる屋号　（フリガナ）
　〔複数ある場合　任意の一つ〕

□ 主たる事務所の所在地等　（フリガナ）
　〔複数ある場合　任意の一箇所〕

□ 通称
□ 旧姓（旧氏）氏名　〔住民票に併記されている通称又は旧姓（旧氏）に限る〕
　いずれかの□にレ印を付し、通称又は旧姓（旧氏）を使用した氏名を記載してください。
　□ 氏名に代えて公表
　□ 氏名と併記して公表　（フリガナ）

人格のない社団等

□ 本店又は主たる事務所の所在地　（フリガナ）

変更の内容

既に公表されている上記の事項について、公表内容の変更を希望する場合に記載してください。

変更年月日	令和　　年　　月　　日
変更事項	（個人事業者）□ 屋号　□ 事務所の所在地等　□ 通称又は旧姓（旧氏）氏名 （人格のない社団等）□ 本店又は主たる事務所の所在地
変更前	（フリガナ）
変更後	（フリガナ）

※　常用漢字等を使用して公表しますので、申出書に記載した文字と公表される文字とが異なる場合があります。

参　考　事　項	
税　理　士　署　名	（電話番号　　－　　－　　）

※税務署処理欄	整理番号		部門番号	
	申出年月日　　年　月　日	入力処理　　年　月　日	番号確認	

注意　1　記載要領等に留意の上、記載してください。
　　　2　税務署処理欄は、記載しないでください。

インボイス制度

【適格請求書発行事業者の登録の取消しを求める旨の届出書】

第 3 号様式

適格請求書発行事業者の登録の取消しを求める旨の届出書

収受印			
令和　年　月　日	届　出　者	（フリガナ）	
		納　税　地	（〒　　−　　）
			（電話番号　　　−　　−　　）
		（フリガナ）	
		氏 名 又 は 名 称 及 び 代 表 者 氏 名	
_____ 税務署長殿		法 人 番 号	※ 個人の方は個人番号の記載は不要です。
		登 録 番 号	T

下記のとおり、適格請求書発行事業者の登録の取消しを求めますので、消費税法第57条の2第10項第1号の規定により届出します。

登 録 の 効 力 を 失 う 日	令和　　　　年　　　　月　　　　日
	※ 登録の効力を失う日は、届出書を提出した日の属する課税期間の翌課税期間の初日となります。 　ただし、この届出書を提出した日の属する課税期間の末日から起算して30日前の日から当該課税期間の末日までの間に提出した場合は、翌々課税期間の初日となります。 　登録の効力を失った旨及びその年月日は、国税庁ホームページで公表されます。
適格請求書発行事業者 の 登 録 を 受 け た 日	令和　　　　年　　　　月　　　　日
参 　考 　事 　項	
税 理 士 署 名	
	（電話番号　　　−　　−　　）

※税務署処理欄	整 理 番 号		部 門 番 号		通 信 日 付 印 年　月　日	確認
	届出年月日	年　月　日	入 力 処 理	年　月　日	番 号 確 認	

注意　1　記載要領等に留意の上、記載してください。
　　　2　税務署処理欄は、記載しないでください。

（2）適格請求書発行事業者の登録の任意性

　適格請求書を交付できるのは、登録を受けた適格請求書発行事業者に限られますが、適格請求書発行事業者の登録を受けるかどうかは事業者の任意となります。

　ただし、登録を受けなければ、適格請求書を交付することができないことから、買い手側である仕入先が仕入税額控除を適用することができなくなります。この点を踏まえて、登録の必要性を検討する必要があります。

　また、適格請求書発行事業者は、販売する商品に軽減税率対象品目があるかどうかを問わず、取引の相手方（課税事業者に限ります。）から交付を求められたときには、適格請求書を交付しなければなりません。

　一方で、消費者や免税事業者など課税事業者以外の者に対しては、適格請求書の交付義務はありませんので、例えば、顧客が消費者のみの場合には、必ずしも適格請求書を交付する必要はありません。

　適格請求書発行事業者の登録を行うことにより、必ず課税事業者となることから、事業規模的に課税売上高が1,000万円以下である免税事業者の場合には、必ずしも登録をするとは限らないので注意しなければなりません。

　なお、相手方が適格請求書発行事業者でない場合において、取引先への値引きを要求したり、適格請求書発行事業者になるように強制した場合には、「独占禁止法における優越的地位の濫用」、「下請法における下請代金の減額や買いたたき」、「建設業法における不当に低い請負代金」といった法令の規定に違反する可能性があるので注意する必要があります。

【登録を受けない可能性のある事業者】

　以下のような事業者には、登録を受けない可能性があるので注意する

必要があります。

● 免税事業者である農業や漁業を営んでいる者

● 免税事業者である建設関係の事業者（一人親方など）

● 免税事業者である個人タクシーを営んでいる者

● 免税事業者である不動産賃貸業を営んでいる者

● 免税事業者である飲食店

● 免税事業者である士業（弁護士、税理士、司法書士など）

● 免税事業者であるフリーランスの事業者

（3）適格請求書発行事業者の情報の公表

① 登録番号の構成

適格請求書発行事業者の登録番号の構成は、以下のようになります。

イ　法人番号を有する課税事業者

「Ｔ」（ローマ字）＋法人番号（数字13桁）

ロ　上記イ以外の課税事業者（個人事業者、人格のない社団等）

「Ｔ」（ローマ字）＋数字13桁

（注1）一度附番された登録番号は、変更することはできません。
（注2）個人事業者等における13桁の数字には、マイナンバー（個人番号）は用いず、法人番号とも重複しない事業者ごとの番号となります。
（注3）請求書等への番号の表記については、半角、全角は問いません。

---

② 適格請求書発行事業者の情報公表

適格請求書発行事業者の情報（登録日など適格請求書発行事業者登録簿に登載された事項）については、国税庁のホームページにある『国税庁適格請求書発行事業者公表サイト』おいて公表されます。

また、適格請求書発行事業者の登録が取り消された場合又は効力を失っ

た場合、その年月日が国税庁のホームページにおいて公表されますが、具体的な公表事項については、以下のとおりです。

　国税庁の公式サイトでは、「登録番号」を基に適格請求書発行事業者の検索ができるほか、データのダウンロード機能やWeb-API機能も運用されています。

　Web-API機能とは、システム間でデータ連携を行うためのインターフェースのことで、これを利用することでインターネットを介して公表サイトからデータをタイムリーに取得することができます。

　<u>この公表事項の閲覧を通じて、交付を受けた請求書等の作成者が適格請求書発行事業者に該当するか否かを仕入れを行う事業者側で確認することとなるので注意が必要です。</u>

【国税庁適格請求書発行事業者公表サイトの公表事項】

イ　適格請求書発行事業者の氏名又は名称

ロ　法人（人格のない社団等を除く）については、本店又は主たる事務所の所在地

ハ　特定国外事業者以外の国外事業者については、国内において行う資産の譲渡等に係る事務所、事業所その他これらに準ずるものの所在地

ニ　登録番号

ホ　登録年月日

ヘ　登録取消年月日、登録失効年月日

※　個人事業者の氏名について、外国人の通称又は旧姓を氏名として公表する場合などは、登録申請書と併せて「適格請求書発行事業者の公表事項の公表（変更）申出書」を提出する必要があります。

※　主たる屋号や主たる事務所の所在地を公表したい場合にも「適格請求書発行事業者の公表事項の公表（変更）申出書」を提出する必要があります。

（4）適格請求書等の交付義務等

①　適格請求書の交付義務

　適格請求書発行事業者には、国内において課税資産の譲渡等を行った場合に、相手方（課税事業者に限定）からの求めに応じて適格請求書を交付する義務が課されています。

　なお、課税資産の譲渡等に係る適用税率は問わないので、標準税率の取引のみを行っている場合であっても、取引の相手方から交付を求められたときは、適格請求書の交付義務が生じます。また、この交付義務は、あくまで課税取引に対する規定であるため免税取引、非課税取引、不課税取引のみを行った場合については、適格請求書の交付義務は課されないこととなります。

　適格請求書発行事業者の交付方法については、適格請求書の書面交付に代えて、適格請求書に係る電磁的記録を提供することもできます。

　また、以下の取引は、適格請求書発行事業者が行う事業の性質上、適格請求書を交付することが困難なため、適格請求書の交付義務が免除されます（適格請求書の交付義務が免除される取引の詳細については後述します。）。

【適格請求書の交付が免除される取引】

イ　3万円未満の公共交通機関（船舶、バス又は鉄道）による旅客の運送

ロ　出荷者が卸売市場において行う生鮮食料品等の販売（出荷者から委託を受けた受託者が卸売の業務として行うものに限る）

ハ　生産者が農業協同組合、漁業協同組合又は森林組合等に委託して行う農林水産物の販売（無条件委託方式かつ共同計算方式により生産者を特定せずに行うものに限る）

ニ　3万円未満の自動販売機及び自動サービス機により行われる商品の

販売等

ホ　郵便切手類のみを対価とする郵便・貨物サービス（郵便ポストに差し
　　出されたものに限る）

② **適格簡易請求書の交付ができる事業**

　適格請求書発行事業者が、不特定かつ多数の者に課税資産の譲渡等を
行う次の事業を行う場合には、適格請求書に代えて適格請求書の記載事
項を簡易なものとした適格簡易請求書を交付することができます。

　また、適格簡易請求書についても、その交付に代えて、その記載事項
に係る電磁的記録を提供することができます。

【適格簡易請求書の発行が認められる事業】

イ　小売業

ロ　飲食店業

ハ　写真業

ニ　旅行業

ホ　タクシー業

ヘ　駐車場業（不特定かつ多数の者に対するものに限ります）

ト　その他これらの事業に準ずる事業で不特定かつ多数の者に資産の譲
　　渡等を行う事業

③ **適格請求書の様式**

　適格請求書において、その記載事項については法令で定められていま
すが、適格請求書の様式については、法令で定められていません。

　したがって、適格請求書として必要な事項が記載されていれば、名称
を問わず適格請求書に該当し、手書きの領収書でも必要事項が記載され

ていれば問題ありません。

【適格請求書の記載事項】

イ　適格請求書発行事業者の氏名又は名称及び登録番号

ロ　課税資産の譲渡等を行った年月日

ハ　課税資産の譲渡等に係る資産又は役務の内容（軽減対象資産の譲渡等である旨）

ニ　課税資産の譲渡等に係る税抜価額又は税込価額を税率の異なるごとに区分して合計した金額及び適用税率

ホ　税率ごとに区分して合計した消費税額等

ヘ　書類の交付を受ける事業者の氏名又は名称

【適格簡易請求書の記載事項】

イ　適格請求書発行事業者の氏名又は名称及び登録番号

ロ　課税資産の譲渡等を行った年月日

ハ　課税資産の譲渡等に係る資産又は役務の内容（軽減対象資産の譲渡等である旨）

ニ　課税資産の譲渡等に係る税抜価額又は税込価額を税率ごとに区分して合計した金額

ホ　税率ごとに区分して合計した消費税額等又は適用税率[※]

※「税率ごとに区分した消費税額等」と「適用税率」を両方記載することも可能

【領収書について】

　領収書を発行する場合でも、適格請求書や適格簡易請求書の記載事項が含まれていれば問題ありませんが、その資産又は役務の内容について「お品代として」という記載については、その商品が飲食料品かどうか判

断できないため認められていません。

　なお、「食品代として」や「日用品として」という記載は、判断することが可能であることから認められます。

　　　（注）領収書の記載例

領　収　証

イタリアンレストラン　　　2023 年 11 月 25 日
〇〇駅前店　　　　　　様

★　　11,600-

但　お酒、雑貨代金として
上記正に領収いたしました

内　　訳
税抜金額　　　　10,600　　　　××食品株式会社
消費税額等（10%）1,060　　　　TEL 03-123-4567

空いてるスペースに登録番号を
記載することによりインボイス対応可

（出典：税務通信3698号）

④　売上げに係る対価の返還等を行った場合

　売上げに係る対価の返還等を行った適格請求書発行事業者は、当該売上げに係る対価の返還等を受ける事業者に対して、以下の事項を記載した請求書、納品書その他これらに類する書類（適格返還請求書）を交付しなければなりません。

　なお、適格請求書の交付義務が免除される場合には、その適格返還請求書の交付義務も免除されます。

【適格返還請求書の記載事項】

イ　適格請求書発行事業者の氏名又は名称及び登録番号

ロ　売上げに係る対価の返還等を行う年月日及びその売上げに係る対価の返還等の基となった課税資産の譲渡等を行った年月日（適格請求書を交付した売上げに係るものについては、課税期間の範囲で一定の期間の記載で差し支えありません）

ハ　売上げに係る対価の返還等の基となる課税資産の譲渡等に係る資産又は役務の内容（売上げに係る対価の返還等の基となる課税資産の譲渡等が軽減対象資産の譲渡等である場合には、資産の内容及び軽減対象資産の譲渡等である旨）

ニ　売上げに係る対価の返還等の税抜価額又は税込価額を税率ごとに区分して合計した金額

ホ　売上げに係る対価の返還等の金額に係る消費税額等又は適用税率

⑤　適格請求書に係る電磁的記録による提供

　適格請求書発行事業者は、国内において課税資産の譲渡等を行った場合に、相手方（課税事業者に限る）から求められたときは、適格請求書の書面交付に代えて、適格請求書に係る電磁的記録を提供することができます。

　ただし、適格請求書発行事業者が提供した電子データを電磁的に保存しようとする場合には一定の要件を満たした状態で保存する必要があります（電子帳簿保存法に準拠する必要があります。）。

【電磁的記録による提供方法】

　光ディスク、磁気テープ等の記録用の媒体による提供のほか、例えば、次の方法があります。

イ　EDI取引※における電子データの提供

※　EDI（Electronic Data Interchange）取引とは、異なる企業・組織間で商取引
に関連するデータを、通信回線を介してコンピュータ間で交換する取引等をい
います。

ロ　電子メールによる電子データの提供

ハ　インターネット上にサイトを設け、そのサイトを通じた電子デー
タの提供

⑥　**適格請求書の記載事項に誤りがあった場合**

適格請求書発行事業者が、適格請求書、適格簡易請求書、適格返還請
求書を交付した場合において、これらの書類の記載事項に誤りがあった
ときには、これらの書類を交付した相手方（課税事業者に限る）に対して、
修正した適格請求書、適格簡易請求書、適格返還請求書を交付しなけれ
ばなりません。

また、記載事項に誤りがある適格請求書の交付を受けた事業者は、仕
入税額控除を行うために、相手先である適格請求書発行事業者に対して
修正した適格請求書等の交付を求めた上で、その修正後の書類の交付を
受ける必要があります。

なお、区分記載請求書の規定とは異なり、自ら追記や修正を行うこと
はできないので注意しなければなりません。

⑦　**登録日から登録の通知を受けるまでの間の取扱い**

適格請求書発行事業者の登録日から登録の通知を受ける日までの間の
取引について、相手方に交付した請求書等に登録番号や税率ごとに区分
した消費税額等の記載がなく適格請求書の記載事項を満たしていない場
合には、登録の通知を受けた後に、登録番号や税率ごとに区分した消費
税額等を記載して、適格請求書の記載事項を満たした請求書を改めて相

手方に交付する必要があります。

　なお、通知を受けた後に登録番号などの適格請求書の記載事項として不足する事項のみを相手方に書面等[注]で通知することで、既に交付した請求書と合わせて適格請求書の記載事項を満たすこととなります。

> （注）既に交付した書類との相互の関連が明確であり、書面等の交付を受ける事業者が適格請求書の記載事項を適正に認識できるものに限ります。

⑧　適格請求書類似書類等の交付禁止

　適格請求書又は適格簡易請求書に類似するもの及び適格請求書の記載事項に係る電磁的記録に類似するもの（適格請求書類似書類等）を交付したり、提供したりすることは法令により禁止されています。

　なお、適格請求書類似書類等の交付又は提供をした者に対しては罰則規定（1年以下の懲役又は50万円以下の罰金）が設けられています。

（5）交付した適格請求書等の写しの保存義務

①　適格請求書等の写しの保存

　適格請求書発行事業者には、交付した適格請求書の写し及び提供した適格請求書に係る電磁的記録の保存義務があります。

　交付した適格請求書の写しとは、交付した書類そのものを複写したものに限らず、その適格請求書の記載事項が確認できる程度の記載がされているものもこれに含まれますので、例えば、適格簡易請求書に係るレジのジャーナル、複数の適格請求書の記載事項に係る一覧表や明細表などの保存があれば問題ありません。

②　適格請求書の写しの保存期間（電磁的記録の保存を含む）

　この適格請求書の写しや電磁的記録については、交付した日又は提供

した日の属する課税期間の末日の翌日から2月を経過した日から7年間保存しなければなりません。

　なお、仕入税額控除の要件として保存すべき請求書等についても、同様の保存期間となります。

③　適格請求書の写しの電磁的記録による保存

　法律により保存が義務付けられている書類で、自己が一貫して電子計算機を使用して作成したものについては、電子帳簿保存法に基づき電磁的記録による保存をもって書類の保存に代えることができるとされています。

　ただし、作成したデータの保存については、次の要件を満たす必要があります。

　イ　適格請求書に係る電磁的記録の保存等に併せて、システム関係書類等（システム概要書、システム仕様書、操作説明書、事務処理マニュアル等）の備付けを行うこと

　ロ　適格請求書に係る電磁的記録の保存等をする場所に、その電磁的記録の電子計算機処理の用に供することができる電子計算機、プログラム、ディスプレイ及びプリンタ並びにこれらの操作説明書を備え付け、その電磁的記録をディスプレイの画面及び書面に、整然とした形式及び明瞭な状態で、速やかに出力できるようにしておくこと

　ハ　適格請求書に係る電磁的記録について、次の要件を満たす検索機能を確保しておくこと

　　● 取引年月日、その他の日付を検索条件として設定できること

　　● 日付に係る記録項目は、その範囲を指定して条件を設定することができること

【保存に関する留意点】

　電子帳簿保存法上の保存方法等については、国税庁ホームページに掲載されている「電子帳簿保存法取扱通達解説（趣旨説明）」や「電子帳簿保存法（Q&A）」を参考にした上で実施する必要があります（電子帳簿保存法については、施行日が令和4年1月1日から令和6年1月1日に延期されています。）。

④　適格請求書に係る電磁的記録を提供した場合の保存方法

　適格請求書発行事業者は、国内において課税資産の譲渡等を行った場合において、相手方（課税事業者に限る）から求められたときは適格請求書を交付しなければなりませんが、適格請求書の交付に代えて、適格請求書に係る電磁的記録を相手方に提供することも可能です。

　この場合において、適格請求書発行事業者は、提供した電磁的記録を電磁的記録のまま又は紙に印刷して、その提供した日の属する課税期間の末日の翌日から2月を経過した日から7年間保存しなければなりません。

　また、その電磁的記録をそのまま保存しようとするときには、適格請求書に係る電磁的記録の提供後遅滞なくタイムスタンプを付すなど以下のような措置を講じる必要があります。他方、適格請求書に係る電磁的記録を紙に印刷して保存しようとするときには、整然とした形式及び明瞭な状態で出力する必要があります。

イ　次の㋑から㊁のいずれかの措置を行うこと
　㋑　適格請求書に係る電磁的記録を提供する前にタイムスタンプを付し、その電磁的記録を提供すること
　㋺　次に掲げる方法のいずれかにより、タイムスタンプを付すととも

に、その電磁的記録の保存を行う者又はその者を直接監督する者に関する情報を確認することができるようにしておくこと

● 適格請求書に係る電磁的記録の提供後、速やかにタイムスタンプを付すこと

● 適格請求書に係る電磁的記録の提供からタイムスタンプを付すまでの各事務の処理に関する規定を定めている場合において、その業務の処理に係る通常の期間を経過した後、速やかにタイムスタンプを付すこと

(ハ) 適格請求書に係る電磁的記録の記録事項について、次のいずれかの要件を満たす電子計算機処理システムを使用して適格請求書に係る電磁的記録の提供及びその電磁的記録を保存すること

● 訂正又は削除を行った場合には、その事実及び内容を確認することができること

● 訂正又は削除することができないこと

(二) 適格請求書に係る電磁的記録の記録事項について正当な理由がない訂正及び削除の防止に関する事務処理の規程を定め、当該規程に沿った運用を行い、当該電磁的記録の保存に併せて当該規程の備付けを行うこと

ロ 適格請求書に係る電磁的記録の保存に併せて、システム概要書の備付けを行うこと

ハ 適格請求書に係る電磁的記録の保存等をする場所に、その電磁的記録の電子計算機処理の用に供することができる電子計算機、プログラム、ディスプレイ及びプリンタ並びにこれらの操作説明書を備え付け、その電磁的記録をディスプレイの画面及び書面に、整然とした形式及

び明瞭な状態で、速やかに出力できるようにしておくこと

ニ　適格請求書に係る電磁的記録について、次の要件を満たす検索機能
　を確保しておくこと

　　イ　取引年月日、その他の日付、取引金額及び取引先を検索条件とし
　　て設定できること

　　ロ　日付又は金額に係る記録項目については、その範囲を指定して条
　　件を設定することができること

　　ハ　二以上の任意の記録項目を組み合わせて条件を設定できること

【適格請求書発行事業者の義務】

● 適格請求書の交付義務

　　取引の相手方（課税事業者）の求めに応じて、適格請求書（又は適格
簡易請求書）を交付する義務（一定の事業者を除く）があります。

● 適格返還請求書の交付義務

　　売上げに係る対価の返還等を行った場合に、適格返還請求書を交付
する義務があります。

● 修正した適格請求書の交付義務

　　交付した適格請求書（又は適格簡易請求書、適格返還請求書）に誤り
があった場合に、修正した適格請求書（又は適格簡易請求書、適格返還
請求書）を交付する義務があります。

● 写しの保存義務

　　交付した適格請求書（又は適格簡易請求書、適格返還請求書）の写し
を保存する義務があります。

3　適格請求書等の交付に関する留意点

（1）交付義務が免除される取引

　次の取引は、適格請求書発行事業者が行う事業の性質上、適格請求書を交付することが困難なため、適格請求書の交付義務が免除されます。

【交付義務が免除される取引】

① 　3万円未満の公共交通機関（船舶、バス又は鉄道）による旅客の運送

② 　出荷者が卸売市場において行う生鮮食料品等の販売（出荷者から委託を受けた受託者が卸売の業務として行うものに限る）

③ 　生産者が農業協同組合、漁業協同組合又は森林組合等に委託して行う農林水産物の販売（無条件委託方式かつ共同計算方式により生産者を特定せずに行うものに限る）

④ 　3万円未満の自動販売機及び自動サービス機により行われる商品の販売等

⑤ 　郵便切手類のみを対価とする郵便・貨物サービス（郵便ポストに差し出されたものに限る）

（2）公共交通機関特例の取扱い

① 　公共交通機関特例の対象

　適格請求書の交付義務が免除される公共交通機関特例の対象となるのは、3万円未満の公共交通機関による旅客の運送で、次のものをいいます。

　　イ　船舶による旅客の運送

　　　　一般旅客定期航路事業、人の運送をする貨物定期航路事業、人の運送をする不定期航路事業（乗合旅客の運送をするものに限る）とし

て行う旅客の運送（対外航路のものを除く）が該当します。

ロ　バスによる旅客の運送

　　一般乗合旅客自動車運送事業として行う旅客の運送が該当し、路線不定期運行（空港アクセスバス等）及び区域運行（旅客の予約等による乗合運行）も対象となります。

ハ　鉄道・軌道による旅客の運送

　　鉄道については、第一種鉄道事業及び第二種鉄道事業として行う旅客の運送が該当し、軌道（モノレール等）については、軌道法3条に規定する運輸事業として行う旅客の運送が該当します。

② 公共交通機関特例の3万円未満の判定単位

　適格請求書の交付義務が免除される公共交通機関特例の対象となるのは、3万円未満の公共交通機関による旅客の運送であり、この3万円未満の公共交通機関による旅客の運送かどうかは、1回の取引における税込価額が3万円未満かどうかで判定します。

　したがって、1商品（切符1枚）ごとの金額や月まとめ等の金額で判定するわけではないことに注意しなければなりません。

【具体例】

　東京―大阪間の新幹線の大人運賃が13,000円であり、4人分の運賃をまとめて受け取る場合には、4人分である52,000円で判定することとなります。したがって、この場合には、特例の適用はなく、適格請求書の発行義務が生じます。

③ 特急料金や入場料金の取扱い

　特急料金、急行料金及び寝台料金は、旅客の運送に直接的に附帯する

対価として、公共交通機関特例の対象となります。また、入場料金や手回品料金は、旅客の運送に直接的に附帯する対価ではないので、公共交通機関特例の対象となりません。

（3）農協特例などの委託販売の取扱い

① 卸売市場を通じた委託販売

　卸売市場法に規定する卸売市場において、卸売の業務として出荷者から委託を受けた事業者が行う生鮮食料品等の販売は、適格請求書を交付することが困難な取引として、出荷者から生鮮食料品等を購入した事業者に対する適格請求書の交付義務が免除されます。

　なお、この場合において、生鮮食料品等を購入した事業者は、卸売の業務を行う事業者など媒介又は取次ぎに係る業務を行う者が作成する一定の書類を保存することが仕入税額控除の要件となります。

【本特例の対象となる卸売市場とは】

イ　農林水産大臣の認定を受けた中央卸売市場

ロ　都道府県知事の認定を受けた地方卸売市場

ハ　イ及びロに準ずる卸売市場として農林水産大臣が財務大臣と協議して定める基準を満たす卸売市場のうち農林水産大臣の確認を受けた卸売市場

② 農協等を通じた委託販売（農協特例）

　農業協同組合、農事組合法人、水産業協同組合、森林組合、事業協同組合、協同組合連合会（以下これらを併せて「農協等」という）の組合員その他の構成員が、農協等に対して、無条件委託方式かつ共同計算方式により販売を委託した農林水産物の販売（その農林水産物の譲渡を行う者

を特定せずに行うものに限る）については、適格請求書を交付することが
困難な取引として、組合員等から購入者に対する適格請求書の交付義務
が免除されることとなります。

　なお、無条件委託方式及び共同計算方式とは、以下のような方式をい
います。

　また、この場合において、農林水産物を購入した事業者は、農協等が
作成する一定の書類を保存することが仕入税額控除の要件となります。

　イ　無条件委託方式

　　　出荷した農林水産物について、売値、出荷時期、出荷先等の条件
　　を付けずにその販売を委託すること

　ロ　共同計算方式

　　　一定の期間における農林水産物の譲渡に係る対価の額をその農林
　　水産物の種類、品質、等級その他の区分ごとに平均した価格をもっ
　　て算出した金額を基礎として精算すること

【留意点】

　上記の方式を活用して販売した場合において、その農林水産物を購入
した事業者（仕入先）は、出荷した生産者等が「適格請求書発行事業者」
であるかどうかを問わず仕入税額控除を行うことできます。

　したがって、組合員（農家等の生産者）は、この方式による委託販売の
みを行う場合には、必ずしも適格請求書発行事業者となるために課税事
業者を選択する必要はありません。

（4）自動販売機特例の取扱い

①　自動販売機等の適用範囲

　適格請求書の発行義務が免除される取引は、3万円未満の自動販売機や自動サービス機による商品の販売等が該当し、その自動販売機特例の対象となる自動販売機や自動サービス機とは、代金の受領と資産の譲渡等が自動で行われる機械装置であって、その機械装置のみで代金の受領と資産の譲渡等が完結するものをいいます。

　したがって、例えば、自動販売機による飲食料品の販売のほか、コインロッカーやコインランドリー等によるサービス、金融機関のATMによる手数料を対価とする入出金サービスや振込サービスのように機械装置のみにより代金の受領と資産の譲渡等が完結するものが該当します。

　なお、小売店内に設置されたセルフレジを通じた販売のように、機械装置により単に精算が行われているだけのものや自動券売機のように、代金の受領と券類の発行はその機械装置で行われるものの資産の譲渡等は、自動販売機や自動サービス機による商品の販売等に含まれません。

②　金融機関の振込手数料の取扱い

　銀行から取引先等の銀行口座へ振込む場合の振込手数料については、上記①の自動販売機特例の適用範囲に含まれることから発行義務が免除されます。したがって、仕入税額控除については、帳簿の保存によることとなりますが、帳簿の記載に銀行及び支店名の記載は必要になるとのことで注意が必要です。（税務通信3715号～3717号参照）

　また、ATMでの両替手数料についても交付義務は免除されます。

（5）委託販売の取扱い（媒介者交付特例）

①　媒介者交付特例の取扱い

　委託販売の場合、購入者に対して課税資産の譲渡等を行っているのは、委託者なので、本来、委託者が購入者に対して適格請求書を交付しなければなりません。

　このような場合、受託者が委託者を代理して、委託者の氏名又は名称及び登録番号を記載した委託者の適格請求書を、相手方に交付することも認められます。（代理交付）

　また、次のイ及びロの要件を満たすことにより、媒介又は取次ぎを行う者である受託者が、委託者の課税資産の譲渡等について、自己の氏名又は名称及び登録番号を記載した適格請求書又は適格請求書に係る電磁的記録を、委託者に代わって、購入者に交付し、又は提供することができます。（媒介者交付特例）

　イ　委託者及び受託者が適格請求書発行事業者であること

　ロ　委託者が受託者に、自己が適格請求書発行事業者の登録を受けている旨を取引前までに通知していること（通知の方法としては、個々の取引の都度、事前に登録番号を書面等により通知する方法のほか、例えば、基本契約等により委託者の登録番号を記載する方法などがあります。）

②　媒介者交付特例における委託者及び受託者の対応

　媒介者交付特例を適用する場合における受託者の対応及び委託者の対応は、次のようになります。

【受託者の対応】

　イ　交付した適格請求書の写し又は提供した電磁的記録を保存します。

ロ　交付した適格請求書の写し又は提供した電磁的記録を速やかに委託
　　者に交付又は提供します。

（注）委託者に交付する適格請求書の写しについては、例えば、複数の委託者の商
　　品を販売した場合や多数の購入者に対して日々適格請求書を交付する場合など
　　でコピーが大量になるなど適格請求書の写しそのものを交付することが困難な
　　場合には、適格請求書の写しと相互の関連が明確な精算書等の書類等を交付す
　　ることで差し支えありませんが、この場合には、交付した当該精算書等の写し
　　を保存する必要があります。
　　　なお、精算書等の書類等には、適格請求書の記載事項のうち「課税資産の譲
　　渡等の税抜価額又は税込価額を税率ごとに区分して合計した金額及び適用税
　　率」や「税率ごとに区分した消費税額等」など、委託者の売上税額の計算に必
　　要な一定事項を記載する必要があります。

【委託者の対応】

イ　自己が適格請求書発行事業者でなくなった場合、その旨を速やかに
　　受託者に通知します。

ロ　委託者の課税資産の譲渡等について、受託者が委託者に代わって適
　　格請求書を交付していることから、委託者においても、受託者から交
　　付された適格請求書の写しを保存します。

【媒介者交付特例の取引図】

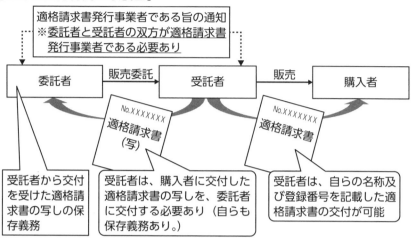

【受託者が委託者に適格請求書の写しに替えて交付する書類（精算書）の記載例】

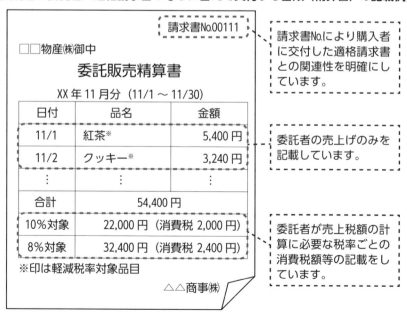

（国税庁「インボイス制度に関するQ＆A」参照、一部変更）

（注）媒介者交付特例により適格請求書の交付を行う受託者が、自らの課税資産の譲渡等に係る適格請求書の交付も併せて行う場合、自らの課税資産の譲渡等と委託を受けたものを一の適格請求書に記載しても差し支えありません。

③　複数の委託者から委託を受けた場合の媒介者交付特例の適用

複数の取引先（委託者）から委託を受けて、受託販売を行っている場合において、一の売上先に対して、複数の取引先の商品の販売を行うことがあるときは、媒介者交付特例により一括して1枚の適格請求書を交付することができます。

この場合において、適格請求書の記載事項である課税資産の譲渡等の税抜価額又は税込価額は、委託者ごとに記載し、消費税額等の端数処理についても委託者ごとに行うことが原則となります。

ただし、受託者が交付する適格請求書単位で、複数の委託者の取引を一括して記載し、消費税額等の端数処理を行うことも可能です。

【媒介者交付特例により各委託者の取引について1枚の適格請求書を交付する場合の記載例】

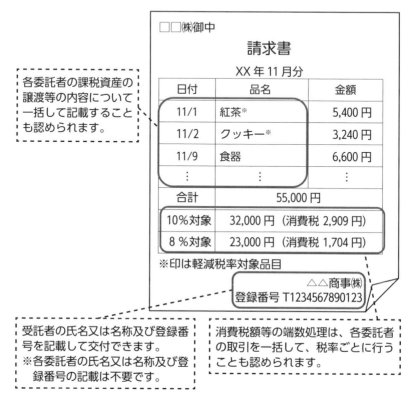

各委託者の課税資産の譲渡等の内容について一括して記載することも認められます。

□□㈱御中

請求書

XX年11月分

日付	品名	金額
11/1	紅茶※	5,400円
11/2	クッキー※	3,240円
11/9	食器	6,600円
⋮	⋮	⋮
合計	55,000円	
10%対象	32,000円（消費税 2,909円）	
8%対象	23,000円（消費税 1,704円）	

※印は軽減税率対象品目

△△商事㈱
登録番号 T1234567890123

受託者の氏名又は名称及び登録番号を記載して交付できます。
※各委託者の氏名又は名称及び登録番号の記載は不要です。

消費税額等の端数処理は、各委託者の取引を一括して、税率ごとに行うことも認められます。

（出典：国税庁「インボイス制度に関するQ&A」）

④　複数の委託者の取引を一括して代理交付する場合

　受託者（代理人）が複数の委託者（被代理人）の取引について代理して適格請求書を交付する場合は、各委託者の氏名又は名称及び登録番号を記載する必要があります。

　また、複数の委託者の取引を一括して請求書に記載して交付する場合、委託者ごとに課税資産の譲渡等の税抜価額又は税込価額を記載し、消費

税額等も委託者ごとに計算し、端数処理を行わなければなりません。

【代理交付により複数の委託者の取引を記載して交付する場合の記載例】

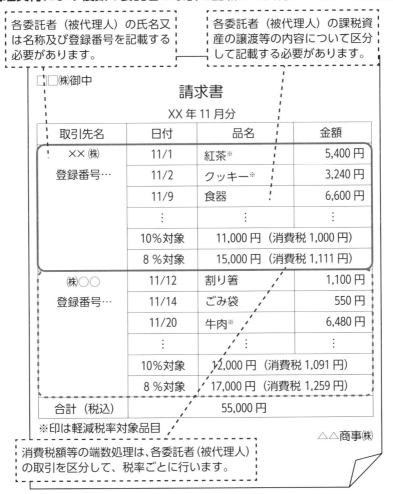

各委託者（被代理人）の氏名又は名称及び登録番号を記載する必要があります。

各委託者（被代理人）の課税資産の譲渡等の内容について区分して記載する必要があります。

□□㈱御中

請求書
XX 年 11 月分

取引先名	日付	品名	金額
×× ㈱	11/1	紅茶※	5,400 円
登録番号…	11/2	クッキー※	3,240 円
	11/9	食器	6,600 円
	⋮	⋮	⋮
	10％対象	11,000 円（消費税 1,000 円）	
	8 ％対象	15,000 円（消費税 1,111 円）	
㈱○○	11/12	割り箸	1,100 円
登録番号…	11/14	ごみ袋	550 円
	11/20	牛肉※	6,480 円
	⋮	⋮	⋮
	10％対象	12,000 円（消費税 1,091 円）	
	8 ％対象	17,000 円（消費税 1,259 円）	
合計（税込）		55,000 円	

※印は軽減税率対象品目

△△商事㈱

消費税額等の端数処理は、各委託者（被代理人）の取引を区分して、税率ごとに行います。

（出典：国税庁「インボイス制度に関するQ＆A」）

（6）適格請求書発行事業者とそれ以外の事業者の共有資産の譲渡等

適格請求書発行事業者が適格請求書発行事業者以外の者と資産を共有している場合、その資産の譲渡や貸付けについては、所有者ごとに取引を合理的に区分し、相手方の求めがある場合には、適格請求書発行事業者の所有割合に応じた部分について、適格請求書を交付しなければなりません。

（7）任意組合等に係る事業の適格請求書の交付

取引先数社で任意組合であるＪＶを組成し建設工事を行う場合など、任意組合等が事業として行う課税資産の譲渡等については、その組合員の全てが適格請求書発行事業者であり、業務執行組合員等が、その旨を記載した届出書を税務署長に提出した場合に限り適格請求書を交付することができます。

この場合、任意組合等のいずれかの組合員が適格請求書を交付することができ、その写しの保存は、適格請求書を交付した組合員が行うこととなります。

なお、交付する適格請求書に記載する「適格請求書発行事業者の氏名又は名称及び登録番号」は、原則として組合員全員のものを記載することとなりますが、次の事項を記載することも認められます。

　イ　その任意組合等のいずれかの組合員の「氏名又は名称及び登録番号」（一又は複数の組合員の「氏名又は名称及び登録番号」で差し支えありません。）

　ロ　その任意組合等の名称

第5号様式

任意組合等の組合員の全てが適格請求書発行事業者である旨の届出書

収受印			
令和　年　月　日	届 出 者	（フリガナ）	（〒　　－　　　）
		納　税　地	
			（電話番号　　　－　　　－　　　）
		（フリガナ）	
		氏　名　又　は 名　称　及　び 代　表　者　氏　名	
		法　人　番　号	※　個人の方は個人番号の記載は不要です。
＿＿＿＿＿税務署長殿		登　録　番　号　T	

　下記のとおり、任意組合等の組合員の全てが適格請求書発行事業者であるので、消費税法第57条の6第1項の規定により届出します。

（フリガナ）	
任 意 組 合 等 の 名 称	
（フリガナ）	
任 意 組 合 等 の 事 務 所 等 の 所 在 地	

	氏　名　又　は　名　称	登　　録　　番　　号
届 出 者 以 外 の 全 て の 組 合 員 の 氏 名 又 は 名 称 及 び 登 録 番 号		T
		T
		T
		T
		T

事　業　内　容	
存　続　期　間	自 令和　　年　　月　　日　至 令和　　年　　月　　日
参　考　事　項	
税　理　士　署　名	
	（電話番号　　　－　　　－　　　）

※税務署処理欄	整　理　番　号		部 門 番 号		通　信　日　付　印 　年　月　日	確認
	届出年月日	年　月　日	入 力 処 理	年　月　日	番 号 確 認	

注意　1　記載要領等に留意の上、記載してください。
　　　2　税務署処理欄は、記載しないでください。
　　　3　任意組合等に係る組合契約の契約書その他これに類する書類の写しを添付してください。

4 適格請求書、適格簡易請求書、適格返還請求書等の記載方法

（1）適格請求書の記載事項

「適格請求書」とは、次に掲げる事項を記載した請求書、納品書その他これらに類する書類をいいます。

① 　適格請求書発行事業者の氏名又は名称及び<u>登録番号</u>

② 　課税資産の譲渡等を行った年月日

③ 　課税資産の譲渡等に係る資産又は役務の内容（<u>当該課税資産の譲渡等が軽減対象課税資産の譲渡等である場合には、その旨</u>）

④ 　<u>課税資産の譲渡等に係る税抜価額又は税込価額を税率の異なるごとに区分して合計した金額及び適用税率</u>

⑤ 　<u>税率ごとに区分して合計した消費税額等</u>

⑥ 　書類の交付を受ける事業者の氏名又は名称

（注1）　上記の記載事項のうち、①の登録番号を記載しないで作成した請求書等は、軽減税率制度における区分記載請求書等として取り扱われます。

（注2）消費税額等とは、消費税額及び地方消費税額の合計額をいい、課税資産の譲渡等に係る税抜価額を税率の異なるごとに区分して合計した金額に10/100（軽減対象課税資産の場合8/100）を乗じて計算した金額又は課税資産の譲渡等に係る税込価額を税率の異なるごとに区分して合計した金額に10/110（軽減対象課税資産の場合8/108）を乗じて計算した金額とします。なお、消費税額等の計算において1円未満の端数が生じた場合には、税率の異なるごとに当該端数を処理します。

（注3）　令和元年10月1日から令和5年9月30日（適格請求書等保存方式の導入前）までの間において、適格請求書として必要な事項が記載されている請求書等については、区分記載請求書等として必要な事項が記載されていることとなります。

　● 区分記載請求書等の記載事項

　　イ　書類の作成者の氏名又は名称

　　ロ　課税資産の譲渡等を行った年月日

ハ　課税資産の譲渡等に係る資産又は役務の内容（課税資産の譲渡等が軽減
　　対象資産の譲渡等である場合には、資産の内容及び軽減対象資産の譲渡等
　　である旨）
ニ　税率ごとに合計した課税資産の譲渡等の税込価額
ホ　書類の交付を受ける当該事業者の氏名又は名称
　区分記載請求書等の記載事項のうち、ニの「税率ごとに合計した課税資産の
譲渡等の税込価額」については、適格請求書等の記載事項である「課税資産の
譲渡等の税抜価額を税率ごとに区分して合計した金額」及び「税率ごとに区分
した消費税額等」を記載することとして差し支えありません。

【適格請求書】

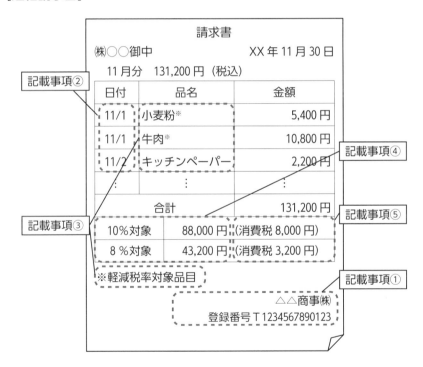

記載事項①：適格請求書発行事業者の氏名・名称及び登録番号

記載事項②：課税資産の譲渡等を行った年月日

記載事項③：課税資産の譲渡等に係る資産又は役務の内容（当該資産等が
　　　　　　軽減税率対象資産の場合には、その旨）

記載事項④：課税資産の譲渡等に係る税込価額を税率の異なるごとに区
　　　　　　分して合計した金額及び適用税率

記載事項⑤：税率ごとに区分して合計した消費税額等

（出典：「消費税の仕入税額控除制度における適格請求書保存方式に関するQ&A」）

【各保存方式における請求書等の記載事項の比較】

請求書等保存方式 （令和元年 9月30日まで）	区分記載請求書等保存方式 （令和元年10月1日から 令和5年9月30日までの間）	適格請求書等保存方式 （令和5年 10月1日から）
①書類の作成者の氏名 又は名称	①書類の作成者の氏名又は名称	①適格請求書発行事業者の氏名又は名称及び登録番号
②課税資産の譲渡等を行った年月日	②課税資産の譲渡等を行った年月日	②課税資産の譲渡等を行った年月日
③課税資産の譲渡等に係る資産又は役務の内容	③課税資産の譲渡等に係る資産又は役務の内容（課税資産の譲渡等が軽減対象資産の譲渡等である場合には、資産の内容及び軽減対象資産の譲渡等である旨）	③課税資産の譲渡等に係る資産又は役務の内容（課税資産の譲渡等が軽減対象資産の譲渡等である場合には、資産の内容及び軽減対象資産の譲渡等である旨）
④課税資産の譲渡等の税込価額	④税率ごとに合計した課税資産の譲渡等の税込価額	④税率ごとに区分した課税資産の譲渡等の税抜価額又は税込価額の合計額及び適用税率
⑤書類の交付を受ける当該事業者の氏名又は名称	⑤書類の交付を受ける当該事業者の氏名又は名称	⑤税率ごとに区分した消費税額等
		⑥書類の交付を受ける当該事業者の氏名又は名称

（出典：「消費税の仕入税額控除制度における適格請求書保存方式に関するQ&A」）

（2）適格簡易請求書の記載事項

　適格請求書発行事業者が、小売業、飲食店業、写真業、旅行業、タク

シー業又は駐車場業等の不特定かつ多数の者に課税資産の譲渡等を行う一定の事業を行う場合には、適格請求書に代えて「適格簡易請求書」を交付することができます。

適格簡易請求書の記載事項は、適格請求書の記載事項よりも簡易なものとされており、適格請求書の記載事項と比べると、「書類の交付を受ける事業者の氏名又は名称」の記載が不要である点、「税率ごとに区分した消費税額等」又は「適用税率」のいずれか一方の記載で足りる点が異なります。

適格簡易請求書とは、次に掲げる事項を記載した請求書、納品書その他これらに類する書類をいいます。

①　適格請求書発行事業者の氏名又は名称及び登録番号

②　課税資産の譲渡等を行った年月日

③　課税資産の譲渡等に係る資産又は役務の内容（当該課税資産の譲渡等が軽減対象課税資産の譲渡等である場合には、その旨）

④　課税資産の譲渡等に係る税抜価額又は税込価額を税率ごとに区分して合計した金額

⑤　税率ごとに区分して合計した消費税額等又は適用税率※

　※「税率ごとに区分した消費税額等」と「適用税率」を両方記載することも可能です。

（注1）上記の記載事項のうち、①の登録番号を記載しないで作成したレシートは、令和元年10月1日から令和5年9月30日（適格請求書等保存方式の導入前）までの間における区分記載請求書等に該当します。
（注2）現行の仕入税額控除の要件として保存が必要な請求書等の記載事項についても、小売業など不特定かつ多数の者に課税資産の譲渡等を行う一定の事業に係るものである場合には、請求書等の交付を受ける相手方の氏名又は名称の記載は不要とされています。

【適格簡易請求書の記載例（適用税率のみを記載する場合）】

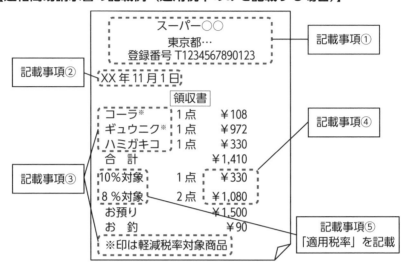

【適格簡易請求書の記載例（税率ごとに区分した消費税額等のみを記載する場合）】

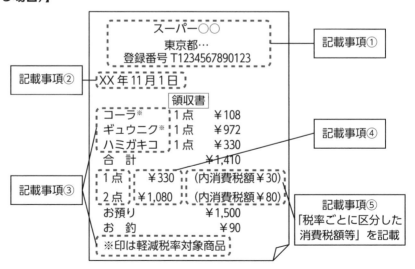

記載事項①：適格請求書発行事業者の氏名又は名称及び登録番号

記載事項②：課税資産の譲渡等を行った年月日

記載事項③：課税資産の譲渡等に係る資産又は役務の内容（当該資産が軽
　　　　　　減税率対象資産である場合には、その旨）

記載事項④：課税資産の譲渡等に係る税込価額を税率ごとに区分して合
　　　　　　計した金額

記載事項⑤：税率ごとに区分して合計した消費税額等又は適用税率

【適格請求書と適格簡易請求書の記載事項の比較（新消法57の4①②）】

適格請求書	適格簡易請求書
①適格請求書発行事業者の氏名又は名称及び登録番号 ②課税資産の譲渡等を行った年月日 ③課税資産の譲渡等に係る資産又は役務の内容（課税資産の譲渡等が軽減対象資産の譲渡等である場合には、資産の内容及び軽減対象資産の譲渡等である旨） ④課税資産の譲渡等の税抜価額又は税込価額を税率ごとに区分して合計した金額及び適用税率 ⑤税率ごとに区分した消費税額等 ⑥書類の交付を受ける事業者の氏名又は名称	①適格請求書発行事業者の氏名又は名称及び登録番号 ②課税資産の譲渡等を行った年月日 ③課税資産の譲渡等に係る資産又は役務の内容（課税資産の譲渡等が軽減対象資産の譲渡等である場合には、資産の内容及び軽減対象資産の譲渡等である旨） ④課税資産の譲渡等の税抜価額又は税込価額を税率ごとに区分して合計した金額 ⑤税率ごとに区分した消費税額等又は適用税率

（出典：「消費税の仕入税額控除制度における適格請求書保存方式に関するQ&A」）

（3）適格請求書における税抜価額と税込価額が混在する場合

　一の適格簡易請求書において、税抜価額を記載した商品と税込価額を記載した商品が混在するような場合、いずれかに統一して「課税資産の譲渡等の税抜価額又は税込価額を税率ごとに区分して合計した額」を記載するとともに、これに基づいて「税率ごとに区分した消費税額等」を算出して記載する必要があります。

　なお、税抜価額又は税込価額のいずれかに統一して「課税資産の譲渡等の税抜価額又は税込価額を税率ごとに区分して合計した額」を記載する際における１円未満の端数処理については、「税率ごとに区分した消費税額等」を算出する際の端数処理ではありませんので、この場合にどのように端数処理を行うかについては、事業者の任意となります。

【税抜価格に統一する場合の適格簡易請求書の記載例】

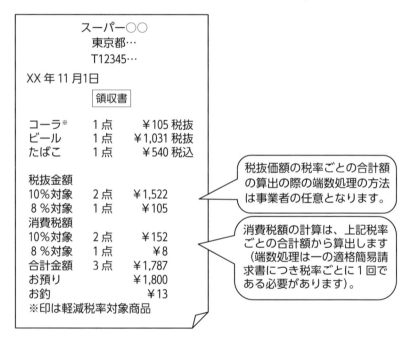

スーパー○○
東京都…
T12345…

XX 年 11 月1日

領収書

コーラ※	1 点	￥105 税抜
ビール	1 点	￥1,031 税抜
たばこ	1 点	￥540 税込

税抜金額
10%対象　2 点　￥1,522
8 %対象　1 点　￥105
消費税額
10%対象　2 点　￥152
8 %対象　1 点　￥8
合計金額　3 点　￥1,787
お預り　　　　￥1,800
お釣　　　　　￥13
※印は軽減税率対象商品

税抜価額の税率ごとの合計額の算出の際の端数処理の方法は事業者の任意となります。

消費税額の計算は、上記税率ごとの合計額から算出します（端数処理は一の適格簡易請求書につき税率ごとに１回である必要があります）。

（4）適格返還請求書の記載事項

　適格請求書発行事業者には、課税事業者に売上げに係る対価の返還等を行う場合、適格返還請求書を交付する義務が課されています。

　この適格返還請求書の記載事項は、以下のとおりです。

①　適格請求書発行事業者の氏名又は名称及び登録番号

② 売上げに係る対価の返還等を行う年月日及びその売上げに係る対価の返還等の基となった課税資産の譲渡等を行った年月日（適格請求書を交付した売上げに係るものについては、課税期間の範囲で一定の期間〔月単位など〕の記載で差し支えありません。）

③ 売上げに係る対価の返還等の基となる課税資産の譲渡等に係る資産又は役務の内容（売上げに係る対価の返還等の基となる課税資産の譲渡等が軽減対象資産の譲渡等である場合には、資産の内容及び軽減対象資産の譲渡等である旨）

④ 売上げに係る対価の返還等の税抜価額又は税込価額を税率ごとに区分して合計した金額

⑤ 売上げに係る対価の返還等の金額に係る消費税額等又は適用税率

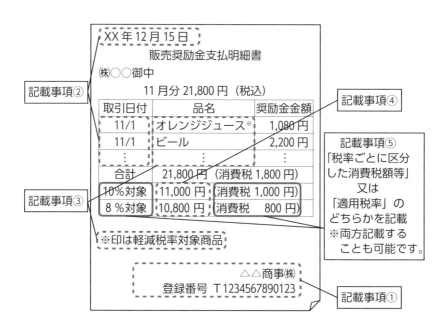

（5）適格請求書と適格返還請求書を一の書類で交付する場合

適格請求書発行事業者が、取引先に対し課税資産の譲渡等と売上げに

係る対価の返還等を行っている場合には、適格請求書と適格返還請求書の両方を交付する義務がありますが、この場合において、交付する請求書に、適格請求書と適格返還請求書それぞれに必要な記載事項を記載して一枚の書類で交付することも可能です。

　具体的には、当月販売した商品について、適格請求書として必要な事項を記載するとともに、前月分の販売奨励金について、適格返還請求書として必要な事項を記載すれば、1枚の請求書を交付することで差し支えありません。

　また、継続して、課税資産の譲渡等の対価の額から売上げに係る対価の返還等の金額を控除した金額及びその金額に基づき計算した消費税額等を税率ごとに請求書等に記載することで、適格請求書に記載すべき「課税資産の譲渡等の税抜価額又は税込価額を税率ごとに区分して合計した金額」及び「税率ごとに区分した消費税額等」と適格返還請求書に記載すべき「売上げに係る対価の返還等の税抜価額又は税込価額を税率ごとに区分して合計した金額」及び「売上げに係る対価の返還等の金額に係る消費税額等」の記載を満たすこともできます。この場合には、課税資産の譲渡等の金額から売上げに係る対価の返還等の金額を控除した金額に基づく消費税額等の計算については、税率ごとに1回の端数処理となります。

【課税資産の譲渡等の金額と対価の返還等の金額をそれぞれ記載する場合】

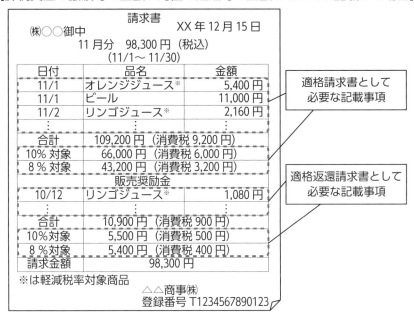

【対価の返還等を控除した後の金額を記載する場合の記載例】

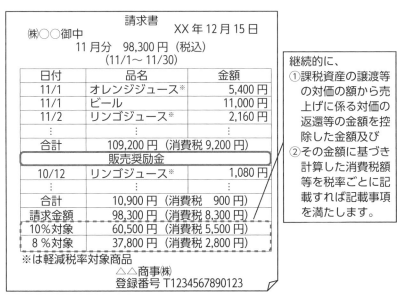

（6）仕入明細書等の記載事項

①　仕入明細書等の記載事項

現行の区分記載請求書等保存方式においても、仕入側が作成した一定事項の記載のある仕入明細書等の書類で、相手方の確認を受けたものについては、仕入税額控除の要件として保存すべき請求書等に該当しますが、インボイス制度では、仕入税額控除の要件として保存すべき請求書等には、次の事項が記載されていることが必要となります。（下記下線部分が追加）

イ　仕入明細書の作成者の氏名又は名称

ロ　課税仕入れの相手方の氏名又は名称及び<u>登録番号</u>

ハ　課税仕入れを行った年月日

ニ　課税仕入れに係る資産又は役務の内容（課税仕入れが他の者から受けた軽減対象資産の譲渡等に係るものである場合には、資産の内容及び軽減対象資産の譲渡等に係るものである旨）

ホ　<u>税率ごとに合計した課税仕入れに係る支払対価の額及び適用税率</u>

ヘ　<u>税率ごとに区分した消費税額等</u>

上記の記載事項のうち、ロの登録番号を記載しないで作成した仕入明細書は、令和元年10月1日から令和5年9月30日（インボイス制度導入前）までの間における区分記載請求書等として取り扱われます。

なお、保存が必要な請求書等の記載事項は、一の書類だけで記載事項を満たす必要はなく、複数の書類や書類と電磁的記録について、これらの書類（書類と電磁的記録）相互の関連が明確であり、適格請求書の交付対象となる取引内容を正確に認識できる方法で交付されていれば、その複数の書類や電磁的記録の全体により適格請求書の記載事項を満たすことができます。

【仕入明細書の記載例】

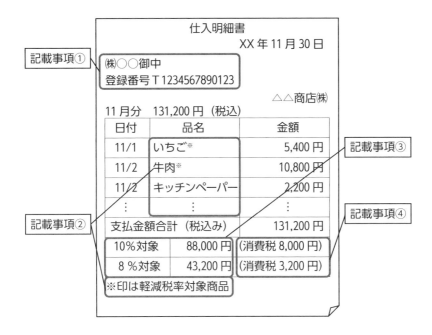

記載事項①：相手方の名称及び登録番号

記載事項②：課税仕入れに係る資産又は役務の内容

記載事項③：税率ごとに合計した課税仕入れに係る支払対価の額及び適用税率

記載事項④：税率ごとに区分した消費税額等

② 仕入明細書等の電磁的記録による保存

　仕入税額控除の要件として保存が必要な請求書等には、上記①の記載事項に係る電磁的記録も含まれます。したがって、上記の記載事項を記録した電磁的記録を保存することで、仕入税額控除のための請求書等の保存要件を満たします。

　なお、仕入明細書等の電磁的記録の保存方法は、提供を受けた適格請

求書に係る電磁的記録の保存方法と同様となります。

③　仕入明細書に記載する課税仕入れに係る支払対価の額

　仕入税額控除の要件として保存すべき仕入明細書における「税率ごとに合計した課税仕入れに係る支払対価の額」とは、税込金額のことを指しますが、税率ごとに区分した仕入金額の税抜きの合計額及び税率ごとに区分した消費税額等を記載することで、その記載があるものとして取り扱われます。

④　仕入明細書において対価の返還等について記載した場合

　適格請求書発行事業者には、課税事業者に返品や値引き等の売上げに係る対価の返還等を行う場合、適格返還請求書の交付義務が課されています。

　なお、買手側が仕入税額控除のために作成・保存している支払通知書に、返品に関する項目があり、その内容が適格返還請求書として必要な記載事項が記載されていれば、当事者間で、売上げに係る対価の返還等の内容について確認されていますので、改めて適格返還請求書を交付しなくても差し支えありません。

　なお、支払通知書に適格返還請求書として必要な事項を合わせて記載する場合に、事業者ごとに継続して、課税仕入れに係る支払対価の額から売上げに係る対価の返還等の金額を控除した金額及びその金額に基づき計算した消費税額等を税率ごとに支払通知書に記載することで、仕入明細書に記載すべき「税率ごとに合計した課税仕入れに係る支払対価の額」及び「税率ごとに区分した消費税額等」と適格返還請求書に記載すべき「売上げに係る対価の返還等の税抜価額又は税込価額を税率ごとに区分して合計した金額」及び「売上げに係る対価の返還等の金額に係る

税率ごとに区分した消費税額等」の記載を満たすこととなります。

【仕入明細書に適格返還請求書の記載事項を合わせて記載する場合の記載例】

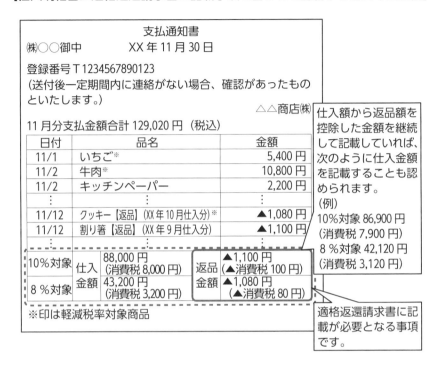

⑤　適格請求書と仕入明細書を一の書類で交付する場合（配送料を差し引く場合）

　自ら作成した仕入明細書を相手方の確認を受けた上で適格請求書等として保存している場合で、その仕入明細書に、仕入側が行った商品の配送について、配送料として記載し、仕入金額から控除し、売上げとして計上しているときは、その配送（課税資産の譲渡等）の対価として収受する配送料について、相手方の求めに応じて適格請求書を交付する義務があります。

　したがって、配送料に係る適格請求書を仕入明細書とは別に交付する
か又は仕入明細書に合わせて配送料に係る適格請求書の記載事項を 1 枚
の書類で交付するといった方法により対応する必要があります。

【仕入明細書と適格請求書を一の書類で交付する場合の記載例】

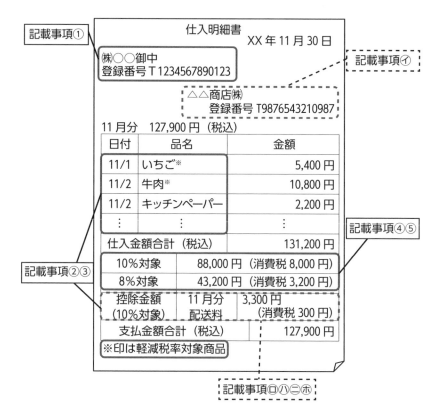

記載事項①　課税仕入れの相手方の氏名又は名称及び登録番号

記載事項②　課税仕入れを行った年月日

記載事項③　課税仕入れに係る資産又は役務の内容（軽減対象資産に係る
　　　　　　ものである旨）

記載事項④　税率ごとに合計した課税仕入れに係る支払対価の額及び適

　　　　　用税率

記載事項⑤　税率ごとに区分した消費税額等

記載事項㋑　課税資産の譲渡等を行った者の氏名又は名称及び登録番号

記載事項㋺　課税資産の譲渡等を行った年月日

記載事項㋩　課税資産の譲渡等に係る資産又は役務の内容

記載事項㋥　課税資産の譲渡等の税抜価額又は税込価額を税率ごとに区
　　　　　　分して合計した金額及び適用税率

記載事項㋭　税率ごとに区分した消費税額等

（7）発行した適格請求書に誤りがあった場合

　適格請求書発行事業者は、交付した適格請求書等に誤りがあった場合
には、修正した適格請求書等を交付しなければなりません。

　なお、修正した適格請求書等の交付方法については、次の①又は②の
いずれかの方法によることとなります。

①　誤りがあった事項を訂正の上、改めて記載事項の全てを記載した書
　類を交付する方法

②　当初に交付した適格請求書等との関連性を明らかにしたうえで、修
　正した事項を明示した書類等を交付する方法

【具体例】　当初の適格請求書において、10％対象の売上金額を120,000円
及び消費税額等12,000と請求していたが、実際は売上金額150,000円及び
消費税額等15,000円の誤りがあった場合には、以下の2通りの訂正方法
があります。

● 当初の適格請求書（誤っている請求書）

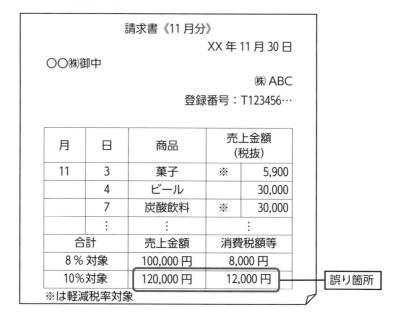

請求書《11月分》

XX年11月30日

○○㈱御中

㈱ABC
登録番号：T123456…

月	日	商品	売上金額（税抜）	
11	3	菓子	※	5,900
	4	ビール		30,000
	7	炭酸飲料	※	30,000
	⋮	⋮		⋮
合計		売上金額	消費税額等	
8％対象		100,000円	8,000円	
10％対象		120,000円	12,000円	

※は軽減税率対象

誤り箇所

《パターン1》

　上記①のように修正点を含め、全ての事項を記載して、修正後の請求書を相手先に発行して、修正前のものと差し替えます。この修正後の請求書の交付を受けた事業者は（買手側）、修正後の請求書のみを保存すれば仕入税額控除の適用が受けられます。

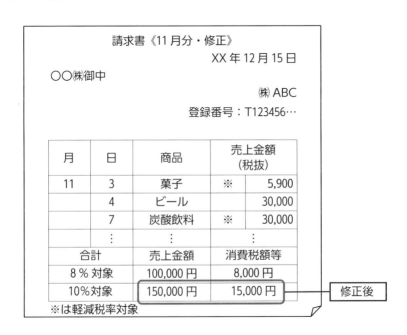

《パターン2》

　上記②のように修正箇所のみを記載した通知書を取引先に発行します。この通知書を受けとった事業者（買手）は、当初の誤った請求書と当該修正事項を記載した通知書の両方を保存することで仕入税額控除の適用を受けることができます。

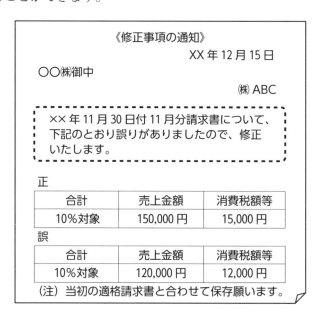

（8）適格請求書等に記載する消費税等の端数処理

①　適格請求書に記載する消費税額等の端数処理の考え方

　適格請求書の記載事項である消費税額等については、一の適格請求書につき、税率ごとに1回の端数処理を行います。切上げ、切捨て、四捨五入などの端数処理の方法については、任意の方法とすることができます。

　ただし、一の適格請求書に記載されている個々の商品ごとに消費税額等を計算し、1円未満の端数処理を行い、その合計額を消費税額等とし

て記載することは認められません。

【認められるケース】

請求書				
○○㈱御中　　　　　　　　　　　　　○年 11 月 30 日				
※は軽減税率対象　　　　　　　　　　　　　㈱△△ (T123…)				
請求金額			60,197 円（税込）	
品名	数量	単価	税抜金額	消費税額
トマト※	83	167	13,861	―
ピーマン※	197	67	13,199	―
花	57	77	4,389	―
肥料	57	417	23,769	―
8％対象計	受領額		27,060 ➡端数処理➡	2,164
10％対象計			28,158 ➡端数処理➡	2,815

《計算手順》

イ　税率ごとに、個々の商品に係る「税抜金額」を合計します。

　　8％対象：13,861円＋13,199円＝27,060円（税抜金額の合計額）

　　10％対象：4,389円＋23,769円＝28,158円（税抜金額の合計額）

ロ　税率ごとに税抜金額の合計額に税率を乗じて消費税額を計算します。

　（税率ごとに端数処理1回ずつ）

　　8％対象：27,060円×8％＝2,164.8　→　2,164円

　　10％対象：28,158円×10％＝2,815.8　→　2,815円

　上記のパターンでは、適格請求書1枚につき税率ごとに端数処理を1回行っているだけなのでこの適格請求書は認められます。

【認められないケース】

<table>
<tr><td colspan="6" align="center">請求書</td></tr>
<tr><td colspan="3">○○㈱御中</td><td colspan="3" align="right">○年11月30日</td></tr>
<tr><td colspan="3">※は軽減税率対象</td><td colspan="3" align="right">㈱△△
（T123…）</td></tr>
<tr><td colspan="3" align="center">請求金額</td><td colspan="3" align="center">60,195円（税込）</td></tr>
<tr><td align="center">品名</td><td align="center">数量</td><td align="center">単価</td><td align="center">税抜金額</td><td colspan="2" align="center">消費税額</td></tr>
<tr><td>トマト※</td><td>83</td><td>167</td><td>13,861</td><td>行ごとに端数処理</td><td>1,108</td></tr>
<tr><td>ピーマン※</td><td>197</td><td>67</td><td>13,199</td><td></td><td>1,055</td></tr>
<tr><td>花</td><td>57</td><td>77</td><td>4,389</td><td></td><td>438</td></tr>
<tr><td>花鉢</td><td>57</td><td>417</td><td>23,769</td><td></td><td>2,376</td></tr>
<tr><td colspan="3" align="center">8％対象計</td><td>27,060</td><td>受領額</td><td>2,163</td></tr>
<tr><td colspan="3" align="center">10％対象計</td><td>28,158</td><td></td><td>2,814</td></tr>
</table>

《計算手順》

イ　個々の商品ごとに消費税額を計算します（行ごとに税率を乗じて端数処理します。）。

　　　トマト：13,861円×8％＝1,108.88　→　1,108円

　　　ピーマン：13,199円×8％＝1,055.92　→　1,055円

　　　花：4,389円×10％＝438.9　→　438円

　　　花鉢：23,769円×10％＝2,376.9　→　2,376円

ロ　税率ごとに消費税額を合計します。

　　　8％：1,108円＋1,055円＝2,163円

　　　10％：438円＋2,376円＝2,814円

　　上記のパターンでは、個々の商品の数だけ端数処理を行うこととなり、適格請求書1枚につき税率ごとに端数処理を1回行っているわけではないので、この適格請求書は認められません。

> （注）個々の商品ごとの消費税額を参考として記載することは、差し支えありません。

② 複数書類で適格請求書の記載事項を満たす場合の消費税額の端数処理

　適格請求書とは、必要な事項が記載された請求書、納品書等の書類をいいますが、一の書類のみで全ての記載事項を満たす必要はなく、交付された複数の書類相互の関連が明確であり、適格請求書の交付対象となる取引内容を正確に認識できる方法（例えば、請求書に納品書番号を記載する方法など）で交付されていれば、これら複数の書類に記載された事項により適格請求書の記載事項を満たすことができます。

　このため、納品書に商品名等の「課税資産の譲渡等に係る資産又は役務の内容（課税資産の譲渡等が軽減対象資産の譲渡等である場合には、資産の内容及び軽減対象資産の譲渡等である旨）」、「課税資産の譲渡等の税抜価額又は税込価額を税率ごとに区分して合計した金額及び適用税率」及び「税率ごとに区分した消費税額等」の記載を追加するとともに、「登録番号」を請求書に記載した場合は、納品書と請求書を合わせて適格請求書の記載事項を満たすこととなります。

　この場合において、納品書に「税率ごとに区分した消費税額等」を記載するため、納品書につき税率ごとに1回の端数処理を行うこととなります（請求書は納品書の税額の合計となります。）。

請求書		
㈱○○御中		XX 年 11 月 1 日

10 月分（10/1～ 10/31）
109,200 円（税込）

納品書番号	金額
No.0011	12,800 円
No.0012	5,460 円
No.0013	5,480 円
⋮	⋮
合計	109,200 円

△△商事㈱
登録番号 T1234567890123

納品書
納品No.0013
㈱○○御中　　　　　　△△商事㈱

納品書
納品No.0012
㈱○○御中　　　　　　△△商事㈱

納品書
納品No.0011
㈱○○御中　　　　　　△△商事㈱
下記の商品を納品いたします。
XX 年 10月1日

品名	金額
牛肉※	5,400 円
じゃがいも※	2,300 円
割り箸	1,100 円
ビール	4,000 円
合計	12,800 円
10%対象	5,100 円（消費税 464 円）
8 %対象	7,700 円（消費税 570 円）

※印は軽減税率対象商品

「税率ごとに区分した消費税額等」
※端数処理は納品書につき税率ご
とに 1 回

（参考）
　この場合、請求書に「税率ごとの消費税額等」の記載は不要ですが、納品書に記載した消費税額等の合計額を記載しても差し支えありません。
例）合計109,200円（消費税 8 ％：3,200円／10％：6,000円）
　　合計109,200円（消費税9,200円）等

（9）適格請求書等の記載に関する留意点

①　屋号や取引先コードによる記載

　請求書等に記載する名称については、例えば、請求書に電話番号を記載するなどし、請求書を交付する事業者が特定できる場合、屋号や省略した名称などの記載でも差し支えありません。適格請求書に記載する名称についても同様に、例えば、電話番号を記載するなどし、適格請求書を交付する事業者が特定できれば、屋号や省略した名称などの記載でも差し支えありません。

　また、登録番号と紐付けて管理されている取引先コード表などを適格

請求書発行事業者と相手先の間で共有しており、買手側においても取引先コードから登録番号が確認できる場合には、取引先コードの表示により「適格請求書発行事業者の氏名又は名称及び登録番号」の記載があるものと認められます。

　なお、売手側が適格請求書発行事業者でなくなった場合は、速やかに取引先コード表を修正する必要があるほか、事後的な確認を行うために、売手側が適格請求書発行事業者である期間が確認できる措置を講じておく必要があります。

②　一定期間の取引をまとめた請求書の交付

　適格請求書は、一の書類のみで全ての記載事項を満たす必要はなく、交付された複数の書類相互の関連が明確であり、適格請求書の交付対象となる取引内容を正確に認識できる方法（例えば、請求書に納品書番号を記載するなど）で交付されていれば、その複数の書類の全体により適格請求書の記載事項を満たすことになります。

イ　請求書に適格請求書として必要な事項をすべて記載する場合

　適格請求書として必要な事項を全て記載することにより、請求書の交付のみをもって、適格請求書の交付義務を満たすこととなります。この場合には、納品書の様式を変更する必要はありません。

【適格請求書として必要な記載事項を全て請求書に記載する場合の記載例】

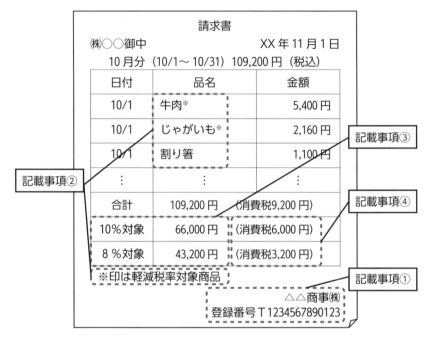

記載事項①：適格請求書発行事業者の氏名・名称及び登録番号

記載事項②：資産又は役務の内容（軽減税率対象の場合にはその旨）

記載事項③：課税資産の譲渡等に係る税抜価額又は税込価額を税率の異
　　　　　　なるごとに区分して合計した金額及び適用税率

記載事項④：税率ごとに区分して合計した消費税額等

ロ　請求書のみでは適格請求書の記載事項が不足するため、納品書で不
　足する記載事項を補完する場合

　請求書については、インボイス制度導入前の記載事項に加え、登録番
号、課税資産の譲渡等の税抜価額又は税込価額を税率ごとに区分して合
計した金額及び適用税率を記載するとともに、日々の取引の内容（軽減
税率の対象である旨を含む）については、納品書に記載することにより、

２種類の書類で適格請求書の記載事項を満たすことができます。

　この場合には、請求書と納品書を交付することにより、適格請求書の交付義務を満たすこととなります。

【請求書に不足する適格請求書の記載事項を納品書で補完する場合の記載例】

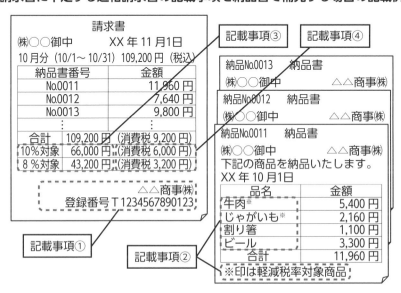

記載事項①：適格請求書発行事業者の氏名・名称及び登録番号

記載事項②：資産又は役務の内容（軽減税率対象の場合にはその旨）

記載事項③：課税資産の譲渡等に係る税抜価額又は税込価額を税率の異なるごとに区分して合計した金額及び適用税率

記載事項④：税率ごとに区分して合計した消費税額等

③　書面と電磁的記録による適格請求書の交付

　適格請求書は、一の書類のみで全ての記載事項を満たす必要はなく、書類相互（書類と電磁的記録）の関連が明確であり、適格請求書の交付対象となる取引内容を正確に認識できる方法で交付されていれば、複数の

書類や書類と電磁的記録の全体により、適格請求書の記載事項を満たすことになります。

　したがって、課税資産の譲渡等の内容（軽減税率の対象である旨を含む）を含む請求明細に係る電磁的記録を提供した上で、それ以外の記載事項のある月まとめの請求書を交付することで、これら全体により、適格請求書の記載事項を満たすことになります。

　なお、請求明細に係る電磁的記録については、提供した適格請求書に係る電磁的記録と同様の措置等を行い、保存する必要があります。

○請求書（書面で交付）

○請求明細（電磁的記録で提供）

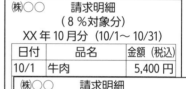

④　任意組合が交付する適格請求書の記載事項

　任意組合等の事業として行われる取引については、その組合員の全てが適格請求書発行事業者であり、業務執行組合員が、その旨を記載した届出書に、当該任意組合等の契約書の写しを添付し、納税地を所轄する税務署長に提出した場合に限り、適格請求書を交付することができます。

　この場合、交付する適格請求書に記載する「適格請求書発行事業者の氏名又は名称及び登録番号」は、原則として組合員全員のものを記載することとなりますが、次の事項（イ及びロ）を記載することも認められ

ます。

イ　その任意組合等のいずれかの組合員の「氏名又は名称及び登録番号」
　（一又は複数の組合員の「氏名又は名称及び登録番号」を記載して差し支え
　ありません。）

ロ　その任意組合等の名称

⑤　一括値引きがある場合の適格簡易請求書の記載

　飲食料品と飲食料品以外の資産を同時に譲渡し、割引券等の利用により、その合計額から一括して値引きを行う場合、税率ごとに区分した値引き後の課税資産の譲渡等の対価の額に対してそれぞれ消費税が課されることとなります。

　そのため、適格簡易請求書であるレシート等における「課税資産の譲渡等の税抜価額又は税込価額を税率ごとに区分して合計した金額」は、値引き後のものを明らかにする必要があります。

　なお、税率ごとに区分された値引き前の課税資産の譲渡等の税抜価額又は税込価額と税率ごとに区分された値引額がレシート等において明らかとなっている場合は、これらにより値引き後の課税資産の譲渡等の税抜価額又は税込価額を税率ごとに区分して合計した金額が確認できるため、このような場合であっても、値引き後の「課税資産の譲渡等の税抜価額又は税込価額を税率ごとに区分して合計した金額」が明らかにされているものとして取り扱われます。

　また、レシート等に記載する「消費税額等」については、値引後の「課税資産の譲渡等の税抜価額又は税込価額を税率ごとに区分して合計した金額」から計算することとなります。

【具体例】

　雑貨3,300円（税込み）、牛肉2,160円（税込み）、値引額1,000円の場合

イ　値引き後の「税込価額を税率ごとに区分して合計した金額」を記載
　　する方法

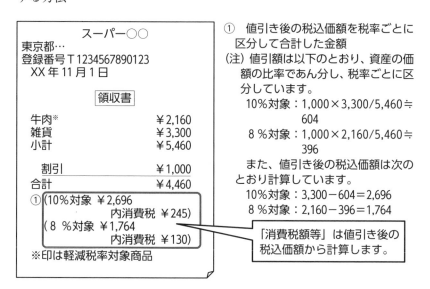

スーパー○○
東京都…
登録番号 T 1234567890123
XX 年 11 月 1 日

領収書

牛肉※	¥2,160
雑貨	¥3,300
小計	¥5,460
割引	¥1,000
合計	¥4,460

①(10%対象　¥2,696
　　　　内消費税　¥245)
（8 ％対象　¥1,764
　　　　内消費税　¥130)
※印は軽減税率対象商品

①　値引き後の税込価額を税率ごとに
　区分して合計した金額
（注）値引額は以下のとおり、資産の価
　　額の比率であん分し、税率ごとに区
　　分しています。
　　10％対象：1,000×3,300/5,460≒
　　　　　　　604
　　8 ％対象：1,000×2,160/5,460≒
　　　　　　　396
　　また、値引き後の税込価額は次の
　とおり計算しています。
　　10％対象：3,300－604＝2,696
　　8 ％対象：2,160－396＝1,764

「消費税額等」は値引き後の
税込価額から計算します。

ロ 値引き前の「税抜価額又は税込価額を税率ごとに区分して合計した金額」と税率ごとの値引額を記載する方法

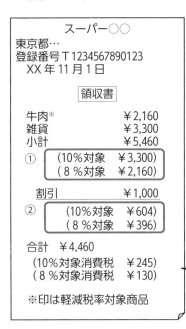

① 値引き前の税込価額を税率ごとに区分して合計した金額
② 税率ごとの値引額
(注) 値引額は以下のとおり、資産の価額の比率であん分し、税率ごとに区分しています。
10%対象：1,000×3,300/5,460≒604
8%対象：1,000×2,160/5,460≒396
※①及び②の記載がそれぞれある場合、値引き後の「税込価額を税率ごとに区分して合計した金額」の記載があるものとして取り扱われます。
$$\begin{bmatrix} 10\%対象：3,300-604=2,696 \\ 8\%対象：2,160-396=1,764 \end{bmatrix}$$

「消費税額等」は値引き後の税込価額から計算します。

⑥ 軽減税率の適用対象となる商品がない場合

販売する商品が軽減税率の適用対象とならないもののみであれば、「軽減対象資産の譲渡等である旨」の記載は不要となり、これまでと同様に課税資産の譲渡等の対価の額（税込価格）の記載があれば、結果として「課税資産の譲渡等の税抜価額又は税込価額を税率ごとに区分して合計した金額」の記載があるものとなります。

なお、適用税率（10%）や消費税額等の記載は必要となります。

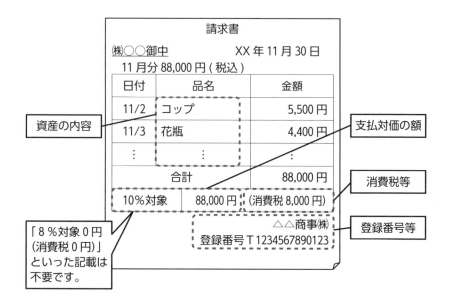

⑦　**納品書や見積書などの取扱い**

　適格請求書は、一の書類のみで全ての記載事項を満たす必要はなく、書類相互の関連が明確であり、適格請求書の交付対象となる取引内容を正確に認識できる方法で交付されていれば、複数の書類であっても、適格請求書の記載事項を満たすことになります。

　したがって、以下のような場合でも要件を満たすこととなります。

イ　請求書と納品書の組み合わせ

ロ　見積書と請求書の組み合わせ

ハ　見積書と納品書の組み合わせ

ニ　請求書と仕入明細書の組み合わせ

⑧ 令和5年9月30日以前の請求書への登録番号の記載

区分記載請求書等に登録番号を記載しても、区分記載請求書等の記載事項が記載されていれば、取引の相手方は、区分記載請求書等保存方式の間（令和元年10月1日から令和5年9月30日まで）における仕入税額控除の要件である区分記載請求書等を保存することができますので、区分記載請求書等に登録番号を記載しても差し支えありません。

また、適格請求書の発行に対応したレジシステム等の改修を行い、適格請求書の記載事項を満たした請求書等を発行する場合にも、その請求書等は、区分記載請求書等として必要な記載事項を満たしていますので、区分記載請求書等保存方式の間に交付しても問題ありません。

ただし、適格請求書等には、登録番号の記載が必要となります。

（注）区分記載請求書等の記載事項のうち、「税率ごとに区分して合計した課税資産の譲渡等の対価の額（税込み）」については、適格請求書等の記載事項である「税率ごとに区分した税抜価格の合計額及び消費税額等」を記載することとして差し支えありません。

5　インボイス制度導入に伴うシステム変更

　インボイス制度導入に伴って、適格請求書発行事業者は、適格請求書又は適格簡易請求書の記載事項に対応したレジシステムや販売管理システムの変更が必要となります。また、会計システムについては、仕入税額控除の経過措置（適格請求書等以外の課税仕入れにつき80％控除）に対応したシステムに変更しなければなりません。

　それぞれのシステム構築に相当の期間を要するため早期に対応策を講じる必要があります。具体的なシステム変更の内容については、以下のようなものが考えられます。

（1）レジシステム等の変更

　適格請求書発行事業者が、小売業などの不特定多数の者に対する事業を行っている場合には、レジシステム等の変更が必要となりますが、具体的には以下のような項目となります。なお、適格請求書発行事業者であるタクシー事業者などのレシートの表示についても変更が必要となります。

①　レシートや領収書の表示方法の変更

　適格簡易請求書の記載事項（登録番号、税率ごとに区分して合計した対価の額〔税込価額又は税抜価額〕、税率ごとに区分した消費税額等又は適用税率）を満たす変更が必要となります。

②　返品等の処理に関するシステム変更

　適格返還請求書の記載事項（税率ごとに区分して合計した対価の返還等の額〔税込価額又は税抜価額〕など）の内容を満たす変更が必要となります。

③　誤った処理をした場合のシステム変更

インボイス制度導入後は、誤った処理をした場合におけるレシート等の再交付が求められる可能性があり、システム上でその処理ができるかどうかを確認し、できなければシステムを変更する必要があります。

④　レシート情報の保存システムの構築

インボイス制度導入後においては、交付した適格請求書等の写しの保存が義務づけられますので、それに対応したシステムに変更する必要があります。

なお、複数の適格請求書の記載事項に係る一覧表や明細表、適格簡易請求書に係るレジのジャーナルなどの保存でも問題ありません。

⑤　端数処理に関するシステム変更

インボイス制度導入後は、適格請求書等につき税率ごとに端数処理が1回と定められていることから現行のシステムで不備がある場合には、そのシステム変更が必要になります。

⑥　レジシステムと連動しているシステムがある場合のシステムの変更

レジシステムと販売管理システムや会計システムが連動している場合には、その内容に不備がないようにシステムの変更を行う必要があります。

（注1）新システムの導入時期
　　　レジシステムの変更については、適格請求書発行事業者の登録日から稼働する必要がありますが、一般的にはインボイス制度の施行日（令和5年10月1日）から稼働することとなります。ただし、税率等の変更があるわけではないので施行日前から導入したとしても支障はないものと考えられます。

（注2）レジシステムの入力方法（操作方法）

　　レジシステムについては、変更後のシステムの入力方法やレシート・領収書の表示内容を確認しておく必要があります。

　　返品処理や訂正があった場合のレジの入力方法やレシート等の表示などについても確認しておく必要があります。

（2）販売管理システム等の変更

　適格請求書発行事業者が適格請求書等を発行する場合には、従来の区分記載請求書の記載内容から適格請求書等の記載内容へ変更されていることから請求書発行システムである販売管理システムの変更が必要となりますが、具体的には、以下のような項目が考えられます。

①　適格請求書等の記載方法の変更

　適格請求書等の記載事項（登録番号、適用税率、税率ごとに区分して合計した対価の額〔税込価額又は税抜価額〕、税率ごとに区分した消費税額等など）の内容を満たす変更が必要となります。

②　納品書発行システムの変更

　販売管理システムが、納品書発行システムとも連動していて、納品書と請求書を併せて適格請求書等の記載事項の内容を満たす場合には、その連動したシステムを変更しなければなりません。

③　仕入明細書発行システムの変更

　事業者によっては、得意先（販売先）とシステム連動していて、その販売先のシステムから発行される仕入明細書等をもって適格請求書等とする場合には、その仕入明細書等が適格請求書の記載事項の内容を満たすかどうか確認した上でシステムの変更をする必要があります。

④ **返品等の処理に関するシステム変更**

　売上の値引・返品・割戻しを行った場合には、適格返還請求書を発行しなければなりませんが、その適格返還請求書の記載事項（税率ごとに区分して合計した対価の返還等の額〔税込価額又は税抜価額〕など）の内容を満たす変更が必要となります。

　なお、適格請求書と適格返還請求書を同一の書類で発行する場合には、その記載内容の要件を満たす変更をする必要があります。

⑤ **誤った処理をした場合のシステム変更**

　インボイス制度導入後は、誤った処理をした場合における請求書等の再交付が求められることとなり、システム上でその処理ができるかどうかを確認し、できなければシステムを変更する必要があります。

⑥ **発行した適格請求書等の情報を保存するシステムの構築**

　インボイス制度導入後においては、交付した適格請求書等の写しの保存が義務づけられますので、それに対応したシステムに変更する必要があります。

　なお、複数の適格請求書の記載事項に係る一覧表や明細表などの保存でも問題ありませんが、電子帳簿保存法の要件等も確認した上でシステムを構築しなければなりません。

⑦ **端数処理に関するシステム変更**

　インボイス制度導入後は、適格請求書等につき税率ごとに端数処理が1回と定められていることから現行のシステムで不備がある場合には、そのシステムの変更を行う必要があります。

⑧　会計システム等と連動している場合のシステム変更

　販売管理システムと会計システムが連動している場合には、その内容に不備がないようにシステムの変更を行う必要があり、また、納品書や返還請求書のシステムなども含まれる場合には、それらも含めてシステムを変更する必要があります。

（注）入力上の注意点（操作方法）
　　　販売管理システムの入力について、システム変更後の入力方法を確認し、表示方法が正しいかどうかをチェックしておく必要があります。
　　　また、値引・返品・割戻しの表示方法や誤りがあった場合の訂正方法なども確認しておく必要があります。

（3）会計システムの変更

　インボイス制度導入後において、会計システムの場合には、仕入税額控除の経過措置に対応するシステムに変更する必要がありますが、具体的には、以下のような項目が考えられます。

①　経過措置に対応するためのシステムの変更

　インボイス制度導入後において、適格請求書発行事業者以外の事業者から行った課税仕入れについては、原則として仕入税額控除の適用を受けることができませんが、施行日（令和5年10月1日）から令和8年9月30日までの3年間については、経過措置規定として課税仕入れの80％相当額を仕入税額控除として適用を受けることができます。

　この経過措置に対応するように会計システムを変更する必要がありますが、課税仕入れを全額控除できる課税仕入れと80％しか控除できない課税仕入れに区分しなければならないので注意が必要です（税抜経理の場合、仮払消費税等をいくらで計上するかも問題となります。）。

　なお、インボイス制度導入後であっても課税売上高の会計処理につい

ては、今までと同様の計算方法となります。

②　仕入れに係る対価の返還等のシステム変更

　適格請求書に係る課税仕入れとそれ以外の課税仕入れ（80％控除）に区分した上で、その仕入れにつき仕入れに係る対価の返還等があった場合には、経過措置に係る課税仕入れに係る返還等は返還等対価の金額の80％で処理することとなり、それに対応したシステムに変更する必要があります。

　なお、インボイス制度導入後であっても課税売上げに係る対価の返還等や貸倒れの処理についてはシステム等を変更する必要がありません。

③　確定申告書及び添付書類（付表）の変更

　インボイス制度導入後は、確定申告書等や付表が変更されることからそれらの帳票を会計システムから印刷する場合には、それらに対応したシステムの変更を行う必要があります。

④　他のシステム等と連動している場合の会計システムの変更

　会計システムと他のレジシステムや販売管理システムと連動している場合には、その内容に不備がでないようにシステム等の変更を行う必要があります。

（注）会計システムの入力方法
　　会計システムについては、システム変更が適正に処理されていることも重要となりますが、そのシステムの変更後の入力方法を経理担当者等が把握していることが一番重要となります。インボイス制度導入前は、その事業者が行う取引が課税取引かどうかという点に注意して入力すれば問題なかったのですが、インボイス制度導入以後は、その取引が適格請求書等の発行なのかそうでないのかを区分して入力しなければならず、入力担当者の入力ミスが生じる可能性

が高くなります。

　さらに、レシートや領収書にて食料品とそれ以外の仕入れが混在している場合には、そのレシートを軽減税率と標準税率の2回に分けて入力する必要があるので注意しなければなりません。

　市販の会計システムを利用する場合、勘定科目の設定や消費税率の設定を事前に行うこととなりますが、施行日以後については自動的に適格請求書に係る課税仕入れとして会計処理される可能性があり、経過措置が適用される取引の場合には、消費税のコード等を変更して入力を行うこととなります。

　なお、経過措置を適用する場合には、帳簿等の摘要欄の記載事項として経過措置である旨の表示（『経過措置適用』、『※』、『80％控除』など）をしなければならないので注意しなければなりません。

（4）システムの修繕費用（損金算入処理）

　消費税率の引上げと軽減税率制度の導入の場合と同様に、インボイス制度導入に伴ってレジシステム、商品の受発注システム（販売管理システム）、会計システム等のプログラムの修正を行った場合に要した費用については、支払い時に全額修繕費（損金算入）として取り扱うことができます。

　この取扱いは、各システムのプログラムの修正が、インボイス制度の実施に対してなされているものに限定されていることにつき、作業指図書等で明確にされている場合に適用できることとなっています。

　なお、そのプログラムの修正が、ソフトウエアの機能の追加、機能の向上等に該当する場合には、その修正に要する費用は資本的支出として取り扱われることとなり、修繕費とはなりません。

　インボイス制度に伴うプログラムの修正の中に、新たな機能の追加、機能の向上等に該当する部分が含まれている場合、その部分に関しては資本的支出として取り扱うことから、合理的に区分できるようにしておく必要があります。

6　各種契約書等の見直し

（1）各種契約書等の問題点

　インボイス制度導入後においては、仕入税額控除の要件が適格請求書等の保存となっており、不動産の賃貸借契約については、まず賃貸人が適格請求書発行事業者でなければ仕入税額控除を受けることができません。

　さらに、その賃貸人から毎月賃料等の適格請求書等（記載内容の要件を満たしているもの）が発送されていればその適格請求書等を保存することで仕入税額控除の適用を受けることができますが、毎月の適格請求書等の発送がなく、口座引落しや口座振込となっている場合には、仕入税額控除の適用を受けるために一定の書類の保存が必要となります。

　同様に、売買契約書、請負契約書、顧問契約書などを締結した上で売り手側（適格請求書発行事業者に限る）から適格請求書等の発行がされない場合には、仕入税額控除の適用を受けるために適格請求書等の記載内容を満たすための内容が含まれる契約書や一定の書類を保存する必要があります。

　特に、インボイス制度の施行日前に締結した賃貸借契約、請負契約、顧問契約などの継続的な取引（適格請求書を発行しない場合）で口座引落しや口座振込の場合には、従来通りの方法では、適格請求書の記載内容である登録番号、消費税率、消費税額などが記載されていないケースが考えられ、その場合には仕入税額控除の適用を受けられなくなるので注意が必要です。

　なお、適格請求書を発行しないケースで金融機関における口座引落しや口座振込を行った場合には、振込金受取書（振込依頼書）などの保存も必要となります。

　現行の契約書において問題となる点は、以下のようなものが考えられます。

① 　**契約書等に登録番号の記載がないケース**

ほとんどの契約書に記載されていないものと考えられます。

② 　**対価の額、月額賃料、顧問料などの記載が以下のようなケース**

　以下のようなケースでは、記載内容が適格請求書の記載事項を満たしていないこととなります。

　イ　取引金額につき消費税額を税込金額で表示する方法

　　● 　対価の額は○○○円（税込）→　税率、消費税額等の記載なし

　　● 　対価の額は○○○円（本体価格△△△円）→　税率、消費税額等の記載なし

　　● 　対価の額は○○○円（うち消費税額××円）→　税率の記載なし

　ロ　取引金額につき消費税額を税抜金額で表示する方法

　　● 　対価の額は○○○円（税抜）→　税率、消費税額等の記載なし

　　● 　対価の額は○○○円（消費税別）→　税率、消費税額等の記載なし

　　● 　対価の額は○○○円（消費税額××円を別途徴収）→　税率の記載なし

　ハ　取引金額につき本体価格と消費税額を併記して表示する方法

　　● 　対価の額は○○○円（本体価格△△△円、消費税額××円）→　税率の記載なし

　　● 　本体価格△△△円及び消費税額××円の合計額→　税率の記載なし

③　**継続取引の場合で適格請求書を発行しないケース**

契約書のみでは毎月などの振込期日や振込金額が不明となるので振込金受取書等が必要です。

（2）口座振込の問題点

賃貸借契約や顧問契約などの継続取引の場合で、毎回適格請求書を発行しないときには、仕入側が仕入税額控除の適用を受けるため適格請求書の記載事項を契約書等に記載しておく必要があります。

なお、毎月の継続取引の場合には、振込期日や振込金額が記載されている振込金受取書（振込依頼書など）の保存が必要となります。

振込金受取書				
令和6年1月31日				
金額		¥165,000		
先方銀行		甲銀行渋谷支店		
受取人	預金種目	普通	口座番号	9876543
	○○㈱　様			
ご依頼人	××㈱　様			

【今後締結する契約書に必ず記載しなければならない事項】

● 　適格請求書発行事業者の登録番号

● 　課税資産の譲渡等に係る税抜価額又は税込価額を税率の異なるごとに区分して合計した金額及び適用税率

● 　税率ごとに区分して合計した消費税額等

（3）賃貸借契約書の変更

　不動産の賃貸借契約（課税取引に限定）については、賃貸人が適格請求書発行事業者でなければ、賃借人は仕入税額控除を行うことができないので注意が必要です。

　したがって、施行日前に賃借人側は、賃貸人が適格請求書発行事業者であるかどうかを確認する必要があります。

　また、賃貸人が適格請求書発行事業者である場合には、相手先から毎月適格請求書が届いていれば問題ありませんが、口座引落や口座振込のみの場合には、仕入税額控除の要件を満たすための書類を保存しておく必要があります。具体的には、記載事項における相手先の名称、登録番号、取引金額（税込又は税抜）、消費税額、消費税率などになります。

　賃貸借契約を施行日以後に締結する場合には、契約書に上記内容を記載しておく必要があり、施行日前に締結した契約の場合には、上記内容を書面等で受け取り保存しておく必要があります。

①　新規に契約書を締結する場合

　新規に契約書を締結する場合には、適格請求書等の記載項目に漏れがないように作成する必要があります。

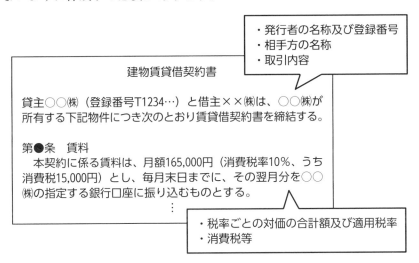

　毎回適格請求書の発行がない場合には、上記契約書のほかに上記（2）のような振込明細書を保存することで仕入税額控除の要件を満たし、仕入税額控除の適用を受けることができます。

②　インボイス制度導入前から契約を締結している場合

　既存の契約の場合には、契約書に適格請求書の記載事項である登録番号、消費税率、消費税額の記載がないことから、それらを記載した『覚書』や『通知書』などを発行して契約書と一緒に保管し、振込明細書を合わせて保存することで仕入税額控除の要件を満たすこととなります。

この契約書の内容では、「登録番号」、「適用税率」、「消費税額等」が不足

　　　　　　　　　　　建物賃貸借契約書

貸主○○㈱と借主××㈱は、○○㈱が所有する下記物件につき次のとおり賃貸借契約書を締結する。

第●条　賃料
　本契約に係る賃料は、月額165,000円（税込）とし、毎月末日までに、その翌月分を○○㈱の指定する銀行口座に振り込むものとする。
　　　　　　　　　　　　　　　⋮

【不足事項を記載した通知書などの記載例】

・登録番号
・消費税額等
・適用税率

《令和 5 年10月以降のご案内》

令和 5 年 8 月吉日

○○㈱御中

××㈱

××年●月●日付締結した建物賃貸借契約書につきまして、令和 5 年10月以降以下の項目が必要となりますので本書の保管をお願い申し上げます。

登録番号：T1234……
賃料（税抜）：150,000円
消費税額：15,000円
消費税率：10%

（4）その他の契約書の変更

　上記（3）の賃貸借契約書以外にも売買契約書や顧問契約書など様々な契約書を締結する場合において、その契約書以外に請求書等のやり取りをしないケースが考えられます。

　この場合において、売手側が適格請求書発行事業者に該当し、適格請求書を発行すれば、買手側はその適格請求書の保存を要件に仕入税額控除を適用することができますが、適格請求書を発行しないときは、契約書等に適格請求書の記載事項を含めておく必要があります。具体的には、登録番号、その対価の額（税抜金額又は税込金額）、適用税率、消費税額等を記載する必要があります。

　なお、契約書を変更する場合には、別途印紙税が課税されるケースもあるので注意しなければなりません。

　各契約書の具体例としては、以下のようになります。

①　売買契約書の場合

　適格請求書を発行しない場合の売買契約書では、適格請求書の記載事項をすべて記載しておく必要があります。

売買契約書

　甲（登録番号T123456…）と乙は、下記記載の資産について次のとおり売買契約を締結する。

資産の内容：商品名△△

第○条 売買代金
　本契約における売買代金は金○○円（消費税率10%、うち消費税××円）とする。

---

②　見積書の場合

　見積書の場合においても、見積書兼請求書となっている場合には、売買契約書と同様に適格請求書の記載事項をすべて記載しておく必要があります。

御見積書兼請求書

下記のとおり御見積り申し上げます。

1　内容
　　商品××　　1台

2　御見積金額
　　○○○円（税抜金額）、

3　消費税に関する事項
　　当社は、適格請求書発行事業者（登録番号T123456…）に該当します。
　　当該商品に係る消費税率は10%、消費税額等は××円となります。

---

③　請負契約書の場合

適格請求書を発行しない請負契約書についても、適格請求書の記載事項を契約書に記載しておく必要があります。

```
                    工事請負契約書

　甲（登録番号T123456…）と乙は、この契約書に従い下記のとおり工事請
負契約を締結する。

　1　工事内容
　　　Ａ建物建設工事
　2　請負金額
　　　金○○○円（税別）
　3　消費税
　　　消費税率は10％で、上記請負金額とは別に消費税△△円徴収する。
```

④　顧問契約書の場合

適格請求書を発行しない顧問契約の場合には、顧問契約書に適格請求書の記載事項を記載し、毎月の顧問料を口座振込みしている場合には、契約書とともに毎月の振込金受取書を保存する必要があります。なお、顧問契約の場合で、相手先（売手側）が個人のときは、そもそも適格請求書発行事業者に該当するかどうかを確認する必要があります。

```
                    顧問契約書

　甲（登録番号T123456…）と乙は、この契約書に従い下記の業務に関する
顧問契約を締結する。

　1　業務内容
　　　税務に関する相談業務など……
　2　顧問報酬（月額）
　　　毎月○○○円（消費税率10％、うち消費税額△△円）とし、甲指定の口
　　　座に毎月末日までに翌月分を振込むものとする。
```

⑤　保守契約書の場合

　ソフトウェアなどの保守契約の場合には、毎回請求書を発行しないで契約書を締結し、それに基づいて毎月銀行振込みを行うケースが多いと思われますが、この場合には、契約書に適格請求書の記載事項を記載して、毎月の振込金受取書を保存することで仕入税額控除の適用を受けることとなります。

保守契約書

　甲（登録番号T1234…）と乙は、この契約書に従い下記のとおり保守契約を締結する。
1　保守内容
　　ソフトウエアの保守業務
2　契約期間
　　令和 5 年10月 1 日から令和 7 年 9 月30日まで
3　保守料金
　　保守料金については、月額○○円（消費税別）とし、保守料金及び消費税額の合計額を毎月末日までに乙の口座に振り込むものとする。
4　消費税の取扱い
　　消費税額は、月額××円（税率10％）で上記保守料金とは別に徴収する。

---

⑥　継続的な取引で施行日前に契約を締結している場合

　顧問契約や保守契約など継続的な取引をインボイス制度の施行日前に締結している場合には、仕入税額控除の適用を受けるために契約書を変更する必要があります。

　ただし、契約書の変更となると印紙税等の問題も生じる可能性があるため適格請求書の記載事項で不足している項目を通知書等で買手側に提示することも考えられます。

インボイス制度に関する通知書

令和○年○月○日

株式会社○○様

株式会社△△

　令和○年○月○日付で締結しました契約において、インボイス制度の導入に伴い令和5年10月以降の取引につきましては、以下の項目が必要となりますので契約書とともに本通知書及び各月の弊社銀行口座への振込みがわかる書類（振込金受取書）の保管をお願いいたします。
- 登録番号T1234…
- 対価の額（月額）金○○○円（税抜）
- 消費税額（月額）金××円（税率10%）

第3章

インボイス制度導入後の
消費税実務

1 仕入税額控除の適用要件について

（1）仕入税額控除の適用要件

インボイス制度導入後においては、一定の事項が記載された帳簿及び請求書等の保存が仕入税額控除の要件とされます。

保存しなければならない請求書等には、適格請求書のほか次の書類等も含まれます。

なお、請求書等の交付を受けることが困難であるなどの理由により、一定の取引については、一定事項を記載した帳簿のみの保存で仕入税額控除が認められます（下記（3）参照）。

【保存しなければならない請求書等】

① 適格請求書

② 適格簡易請求書

③ 適格請求書又は適格簡易請求書の記載事項に係る電磁的記録

④ 適格請求書の記載事項が記載された仕入明細書等（課税仕入れの相手方の確認を受けたものに限るものとし、電磁的記録を含む）

原稿料や講演料などの報酬等を支払う事業者が発行する「報酬、料金、契約金及び賞金の支払調書」であっても、適格請求書等の記載事項が記載されていればその書類の保存で仕入税額控除の適用を受けることができます[注]。

⑤ 次の取引について、媒介又は取次ぎに係る業務を行う者が作成する一定の書類（電磁的記録を含む）

　● 卸売市場において出荷者から委託を受けて卸売の業務として行われる生鮮食料品等の販売

　● 農業協同組合、漁業協同組合又は森林組合等が生産者（組合員等）

から委託を受けて行う農林水産物の販売（無条件委託方式かつ共同計
算方式によるものに限る）

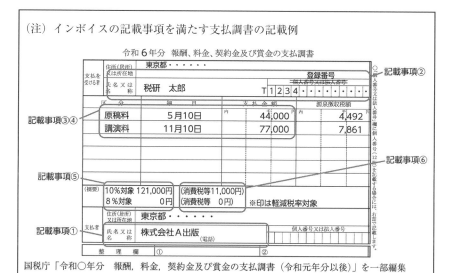

（注）インボイスの記載事項を満たす支払調書の記載例

令和6年分　報酬、料金、契約金及び賞金の支払調書

国税庁「令和〇年分　報酬，料金，契約金及び賞金の支払調書（令和元年分以後）」を一部編集

■買手が交付する仕入明細書等に必要な記載事項

① 仕入明細書等作成者（買手）の氏名又は名称

② 課税仕入れの相手方（売手）の氏名又は名称及び登録番号

③ 課税仕入れを行った年月日

④ 課税仕入れに係る資産又は役務の内容（軽減対象資産である旨及び資産の内容）

⑤ 税率ごとに合計した課税仕入れに係る支払対価の額及び適用税率

⑥ 税率ごとに区分した消費税額等

（出典：税務通信3693号）

（2）帳簿及び請求書等の保存

① インボイス制度導入後の帳簿の保存

　インボイス制度においても帳簿及び請求書等の保存が要件とされているところ、保存すべき帳簿の記載事項については以下のとおりであり、従来の区分記載請求書等保存方式における帳簿の記載事項と同様になります（相手方の登録番号の記載は不要）。

【帳簿の記載事項】

イ　課税仕入れの相手方の氏名又は名称

ロ　課税仕入れを行った年月日

ハ　課税仕入れに係る資産又は役務の内容（課税仕入れが他の者から受けた軽減対象資産の譲渡等に係るものである場合には、資産の内容及び軽減対象資産の譲渡等に係るものである旨）

ニ　課税仕入れに係る支払対価の額

※　取引先コード等による表示
　　帳簿に記載する課税仕入れの相手方の氏名又は名称は、取引先コード等の記号・番号等による表示で差し支えありません。また、課税仕入れに係る資産又は役務の内容についても、商品コード等の記号・番号等による表示で差し支えありませんが、この場合、課税資産の譲渡等又は軽減対象資産の譲渡等の区分を明らかにしておく必要があります。

② 　インボイス制度導入後の請求書等の保存

　イ　提供された適格請求書に係る電磁的記録の書面による保存

　　　適格請求書に係る電磁的記録による提供を受けた場合であっても、電磁的記録を整然とした形式及び明瞭な状態で出力した書面を保存することで、請求書等の保存要件を満たすこととなります。

　　　この場合において、提供を受けた電磁的記録を、電子帳簿保存法規則第8条第1項に規定する要件に準ずる要件に従って保存する必要はありません。

　　　したがって、提供を受けた請求書データを整然とした形式及び明瞭な状態で出力することにより作成した書面を保存することで、仕入税額控除のための請求書等の保存要件を満たすことができます。

　ロ　仕入明細書の相手方への確認

　　仕入税額控除の適用を受けるための請求書等に該当する仕入明細書等は、相手方の確認を受けたものに限られます。

　　この相手方の確認を受ける方法としては、以下のようなものがあります。

　㋑　仕入明細書等の記載内容を、通信回線等を通じて相手方の端末機に出力し、確認の通信を受けた上で、自己の端末機から出力したもの

　㋺　仕入明細書等に記載すべき事項に係る電磁的記録につきインターネットや電子メールなどを通じて課税仕入れの相手方へ提供し、相手方から確認の通知等を受けたもの

　㋩　仕入明細書等の写しを相手方に交付し、又は仕入明細書等の記載内容に係る電磁的記録を相手方に提供した後、一定期間内に誤りのある旨の連絡がない場合には記載内容のとおり確認があったものとする基本契約等を締結した場合におけるその一定期間を経たもの

　なお、㋩については、以下のように仕入明細書等の記載事項が相手方に示され、その内容が確認されている実態にあることが明らかであれば、相手方の確認を受けたものとなります。

　●　仕入明細書等に「送付後一定期間内に誤りのある旨の連絡がない場合には記載内容のとおり確認があったものとする」旨の通知文書等を添付して相手方に送付し、又は提供し、了承を得る。

　●　仕入明細書等又は仕入明細書等の記載内容に係る電磁的記録に「送付後一定期間内に誤りのある旨の連絡がない場合には記載内容のとおり確認があったものとする」といった文言を記載し、又は記録

し、相手方の了承を得る。

> （注）現行においても、仕入れを行った者が作成する仕入明細書等の書類で、一定事項が記載されており、相手方の確認を受けたものについては、仕入税額控除のために保存が必要な請求書等に該当します。
>
> 　ただし、適格請求書等保存方式の下で請求書等に含まれる仕入明細書と現行の請求書等に含まれる請求書等の記載事項は異なることから注意が必要です。

　ハ　任意組合の構成員が保存しなければならない請求書等

　　任意組合の共同事業として課税仕入れを行った場合に、幹事会社が課税仕入れの名義人となっている等の事由により各構成員の持分に応じた適格請求書の交付を受けることができないときにおいて、幹事会社が仕入先から交付を受けた適格請求書のコピーに各構成員の出資金等の割合に応じた課税仕入れに係る対価の額の配分内容を記載したものは、各構成員における仕入税額控除のために保存が必要な請求書等に該当するものとして取り扱われますので、その保存をもって、仕入税額控除のための請求書等の保存要件を満たすことになります。

　　また、任意組合の構成員に交付する適格請求書のコピーが大量となる等の事情により、立替払を行った幹事会社が、コピーを交付することが困難なときは、幹事会社が仕入先から交付を受けた適格請求書を保存し、精算書を交付することにより、その幹事会社が作成した（立替えを受けた構成員の負担額が記載されている）精算書の保存をもって、仕入税額控除を行うことができます。

　　この場合、幹事会社は、精算書に記載されている仕入れ（経費）について、仕入税額控除が可能なものかどうかを明らかにし、また、適用税率ごとに区分するなど、各構成員が仕入税額控除を受けるに

当たっての必要な事項を記載しておく必要があります。

　なお、仕入税額控除の要件として保存が必要な帳簿には、課税仕入れの相手方の氏名又は名称の記載が必要となりますし、適格請求書のコピーにより、その仕入れ（経費）が適格請求書発行事業者から受けたものか否かを確認できなくなるため、幹事会社と構成員の間で、課税仕入れの相手方の氏名又は名称及び登録番号を確認できるようにしておく必要があります。

　ただし、これらの事項について、別途、書面等で通知する場合のほか継続的な取引に係る契約書等で別途明らかにされている等の場合には、精算書において明らかにしていなくても差し支えありません。

ニ　提供を受けた適格請求書に係る電磁的記録の保存方法

　売手側から適格請求書の交付に代えて、適格請求書に係る電磁的記録による提供を受けた場合、仕入税額控除の要件として、その電磁的記録を保存する必要があります。

　なお、提供を受けた電磁的記録をそのまま保存しようとするときには、以下の措置を講じる必要があります。

㋑　次の１）又は２）のいずれかの措置を行わなければなりません。

　１）適格請求書に係る電磁的記録の受領後遅滞なくタイムスタンプを付すとともに、その電磁的記録の保存を行う者又はその者を直接監督する者に関する情報を確認することができるようにしておくこと。

　２）適格請求書に係る電磁的記録の記録事項について正当な理由がない訂正及び削除の防止に関する事務処理の規程を定め、当該規程に沿った運用を行うこと。

　㋺　適格請求書に係る電磁的記録の保存等に併せて、システム概要書の備付けを行わなければなりません。

　㋩　適格請求書に係る電磁的記録の保存等をする場所に、その電磁的記録の電子計算機処理の用に供することができる電子計算機、プログラム、ディスプレイ及びプリンタ並びにこれらの操作説明書を備え付け、その電磁的記録をディスプレイの画面及び書面に、整然とした形式及び明瞭な状態で、速やかに出力できるようにしておかなければなりません。

　㊁　適格請求書に係る電磁的記録について、次の要件を満たす検索機能を確保しなければなりません。

　　1）取引年月日、その他の日付、取引金額その他の主要な項目（請求年月日、請求金額、取引先名称等）を検索条件として設定できること。

　　2）日付又は金額に係る記録項目については、その範囲を指定して条件を設定することができること。

　　3）二以上の任意の記録項目を組み合わせて条件を設定できること。

> （注）提供を受けた電磁的記録を紙に印刷して保存しようとするときは、整然とした形式及び明瞭な状態で出力する必要があります。

（3）帳簿のみで認められる取引

①　帳簿のみで仕入税額控除が認められる取引

　請求書等の交付を受けることが困難であるなどの理由により、次の取引については、一定の事項を記載した帳簿のみの保存で仕入税額控除が認められます。

　なお、<u>課税仕入れに係る支払対価の額の合計額が3万円未満である場</u>

合に帳簿の保存のみで仕入税額控除が認められる現行の規定については、
廃止されます。

　　イ　公共交通機関特例の対象として適格請求書の交付義務が免除され
　　　る3万円未満の公共交通機関による旅客の運送
　　ロ　適格簡易請求書の記載事項（取引年月日を除く）が記載されている
　　　入場券等が使用の際に回収される取引（イに該当するものを除く）
　　ハ　古物営業を営む者の適格請求書発行事業者でない者からの古物（古
　　　物営業を営む者の棚卸資産に該当するものに限る）の購入
　　ニ　質屋を営む者の適格請求書発行事業者でない者からの質物（質屋
　　　を営む者の棚卸資産に該当するものに限る）の取得
　　ホ　宅地建物取引業を営む者の適格請求書発行事業者でない者からの
　　　建物（宅地建物取引業を営む者の棚卸資産に該当するものに限る）の購
　　　入
　　ヘ　適格請求書発行事業者でない者からの再生資源及び再生部品（購
　　　入者の棚卸資産に該当するものに限る）の購入
　　ト　適格請求書の交付義務が免除される3万円未満の自動販売機及び
　　　自動サービス機からの商品の購入等
　　チ　適格請求書の交付義務が免除される郵便切手類のみを対価とする
　　　郵便・貨物サービス（郵便ポストに差し出されたものに限る）
　　リ　従業員等に支給する通常必要と認められる出張旅費等（出張旅費、
　　　宿泊費、日当及び通勤手当）

②　帳簿への記載事項

　3万円未満の公共交通機関による旅客の運送などは、請求書等の保存
が不要となり、帳簿のみの保存で仕入税額控除を行うことができますが、

この場合の帳簿の記載事項は、通常必要な記載事項に加え、次の事項の記載が必要となります。

イ　帳簿のみの保存で仕入税額控除が認められるいずれかの仕入れに該当する旨

（具体例）「３万円未満の鉄道料金」、「入場券等」など

ロ　仕入れの相手方の住所又は所在地

ただし、以下の者については、記載不要となります。

㋑　適格請求書の交付義務が免除される３万円未満の公共交通機関（船舶、バス又は鉄道）による旅客の運送につきその運送を行った者

㋺　適格請求書の交付義務が免除される郵便役務の提供につきその郵便役務の提供を行った者

㋩　課税仕入れに該当する出張旅費等（出張旅費、宿泊費、日当及び通勤手当）を支払った場合の当該出張旅費等を受領した使用人等

㋥　以下の課税仕入れを行った場合の当該課税仕入れの相手方

● 　古物営業を営む者の適格請求書発行事業者でない者からの古物の購入

● 　質屋を営む者の適格請求書発行事業者でない者からの質物の取得

● 　宅地建物取引業を営む者の適格請求書発行事業者でない者からの建物の購入

● 　適格請求書発行事業者でない者からの再生資源又は再生部品の購入

③　古物商等の古物の買取り等

古物営業法上の許可を受けて古物営業を営む古物商が、適格請求書発

行事業者以外の者から古物（古物商が事業として販売する棚卸資産に該当するものに限る）を買い受けた場合には、一定の事項が記載された帳簿のみの保存で仕入税額控除が認められます。

したがって、消費者から中古車の仕入れを行った場合には、一定の事項を記載した帳簿を保存することで、仕入税額控除が認められます。

なお、相手方が適格請求書発行事業者である場合は、適格請求書の交付を受け、それを保存する必要があります。

また、古物商が適格請求書発行事業者以外の者から古物を買い取る場合のほか、適格請求書発行事業者以外の者から仕入れを行う、次の場合も同様に、仕入税額控除のために保存が必要な請求書等の交付を受けることが困難な場合として、一定の事項が記載された帳簿のみの保存で仕入税額控除が認められます。

イ　質屋営業法に規定する質屋営業を営む質屋が、適格請求書発行事業者以外の者から質物（質屋が事業として販売する棚卸資産に該当するものに限る）を取得する場合

ロ　宅地建物取引業法に規定する宅地建物取引業者が、適格請求書発行事業者以外の者から同法に規定する建物（宅地建物取引業者が事業として販売する棚卸資産に該当するものに限る）を購入する場合

ハ　再生資源卸売業その他不特定かつ多数の者から資源の有効な利用の促進に関する法律に規定する再生資源及び再生部品を購入する事業を営む事業者が、適格請求書発行事業者以外の者から再生資源及び再生部品（購入する事業者が事業として販売する棚卸資産に該当するものに限る）を購入する場合

④　**出張旅費、宿泊費、日当等の取扱い**

社員に支給する出張旅費、宿泊費、日当等のうち、その旅行に通常必

要であると認められる部分の金額については、課税仕入れに係る支払対価の額に該当するものとして取り扱われます。

　この金額については、一定の事項を記載した帳簿のみの保存で仕入税額控除が認められますが、帳簿のみの保存で<u>仕入税額控除が認められる「その旅行に通常必要であると認められる部分」については、所得税法基本通達9-3に基づき判定しますので、所得税が非課税となる範囲内で帳簿のみの保存で仕入税額控除が認められることとなります。</u>

　《具体例》

- ●　使用人等が勤務する場所を離れてその職務を遂行するために行う旅行

- ●　使用人等の転任に伴う転居のために行う旅行

- ●　退職者等のその就職又は退職に伴う転居のために行う旅行

⑤　通勤手当

　従業員等で通勤する者に支給する通勤手当のうち、通勤に通常必要と認められる部分の金額については、課税仕入れに係る支払対価の額として取り扱われます。この金額については、一定の事項を記載した帳簿のみの保存で仕入税額控除が認められますが、帳簿のみの保存で仕入税額控除が認められる<u>「通勤者につき通常必要と認められる部分」については、通勤に通常必要と認められるものであればよく、所得税法施行令第20条の2において規定される非課税とされる通勤手当の金額を超えているかどうかは問いません。</u>

（4）立替払・口座振込の処理

①　立替払の取扱い

　他社が立替払をした場合、その他社宛に交付された適格請求書をその

まま受領したとしても、当社の適格請求書とすることはできません。

　この場合において、立替払を行った会社から立替金精算書等の交付を受ける等により経費の支払いを行った他社の課税仕入れが当社のものであることが明らかにされている場合には、その適格請求書及び立替金精算書等の書類の保存をもって、仕入税額控除の適用を受けることができます。

　なお、立替払を行う他社が適格請求書発行事業者以外の事業者であっても、実際の取引先が適格請求書発行事業者であれば、仕入税額控除を行うことができます。

【立替金の取引図】

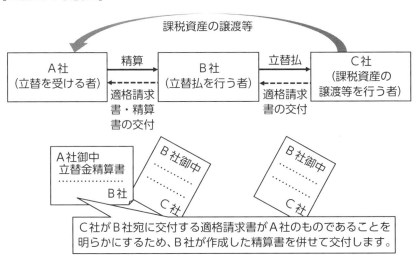

（注）A社を含む複数者分の経費を一括してB社が立替払している場合、原則としてB社はC社から受領した適格請求書をコピーし、経費の支払先であるC社から行った課税仕入れがA社及び各社のものであることを明らかにするために、B社が作成した精算書を添える等し、A社を含む立替を受けた者に交付する必要があります。

　　しかしながら、立替を受けた者に交付する適格請求書のコピーが大量となる等の事情により、立替払を行ったB社が、コピーを交付することが困難なときは、B社がC社から交付を受けた適格請求書を保存し、立替金精算書を交付することにより、A社はB社が作成した（立替を受けた者の負担額が記載されている）立替金精算書の保存をもって、仕入税額控除を行うことができます。

　　ただし、立替払を行った取引先のB社は、その立替金が仕入税額控除可能なものかどうかを明らかにし、また、適用税率ごとに区分するなど、A社が仕入税額控除を受けるに当たっての必要な事項を立替金精算書に記載しなければなりません。

②　口座振込の取扱い

　契約書に基づき代金決済が行われ、取引の都度、請求書や領収書が交付されない取引であっても、仕入税額控除の適用を受けるためには、適格請求書の保存が必要となります。

　ただし、適格請求書として必要な記載事項については、複数の書類で適格請求書のすべての記載事項を満たすのであれば仕入税額控除の適用を受けることができます。

　したがって、契約書の記載内容に適格請求書として必要な記載事項の一部が記載されており、実際に取引を行った事実（課税資産の譲渡等の年月日の事実を示すもの）を客観的に示す書類（通帳や振込金受取書など）とともに保存しておけば、仕入税額控除の要件を満たすこととなります。

　なお、ATMにおける振込手数料については、帳簿のみの保存でも仕入税額控除が認められます。

　また、口座振込により家賃を支払う場合も、適格請求書の記載事項の一部が記載された契約書とともに、銀行が発行した振込金受取書を保存することにより、請求書等の保存があるものとして、仕入税額控除の要件を満たすこととなります。

　インボイス制度が導入される令和5年9月30日以前からの契約について、契約書に登録番号等の適格請求書として必要な事項の記載が不足し

ている場合には、別途、登録番号等の不足する記載事項の通知を受け、契約書とともに保存していれば差し支えありません。

（5）免税事業者からの仕入れに係る経過措置

　インボイス制度においては、適格請求書発行事業者以外の者（消費者、免税事業者又は登録を受けていない課税事業者）からの仕入れについては、仕入税額控除の適用要件である保存が必要な適格請求書等の交付を受けることができないことから、仕入税額控除を行うことができません。

　ただし、インボイス制度の施行日から一定の期間については、適格請求書発行事業者以外の者からの仕入れであっても、仕入税額相当額の一定割合を仕入税額とみなして控除できる経過措置が設けられています。

　経過措置を適用できる期間等は、以下のとおりです。

期間	割合
令和 5 年10月 1 日から令和 8 年 9 月30日まで	仕入税額相当額の80％
令和 8 年10月 1 日から令和11年 9 月30日まで	仕入税額相当額の50％

　なお、この経過措置の適用を受けるためには、次の事項が記載された帳簿及び請求書等の保存が要件となります。

① 　帳簿

　区分記載請求書等保存方式の記載事項に加え、例えば、「80％控除対象」など、経過措置の適用を受ける課税仕入れである旨の記載が必要となりますが、具体的には以下の事項となります。

　　イ　課税仕入れの相手方の氏名又は名称

　　ロ　課税仕入れを行った年月日

　　ハ　課税仕入れに係る資産又は役務の内容（軽減対象資産に係るもので

ある旨）及び経過措置の適用を受ける課税仕入れである旨※

※　記載方法については、個々の取引ごとに「80％控除対象」、「免税事業者からの仕入れ」などと記載するほか※や☆などの記号も認められます。

ニ　課税仕入れに係る支払対価の額

② **請求書等**

区分記載請求書等と同様の記載事項が必要となります。

イ　書類の作成者の氏名又は名称

ロ　課税資産の譲渡等を行った年月日

ハ　課税資産の譲渡等に係る資産又は役務の内容（軽減対象資産の譲渡等である旨）

ニ　税率ごとに合計した課税資産の譲渡等の税込価額

ホ　書類の交付を受ける当該事業者の氏名又は名称

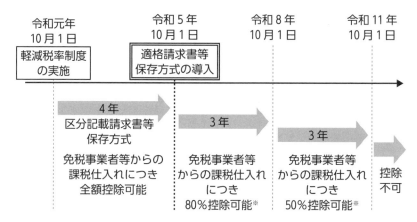

※　この経過措置による仕入税額控除の適用に当たっては、免税事業者等から受領する区分記載請求書と同様の事項が記載された請求書等の保存とこの経過措置の適用を受ける旨（80％控除・50％控除の特例を受ける課税仕入れである旨）を記載した帳簿の保存が必要です。

（出典：国税庁「適格請求書保存方式の概要」（令和4年7月））

> （注）消費税額を計算する上で、適格請求書に係る課税仕入れと適格請求書以外に係る課税仕入れにつき区分をしなければならないことから、適格請求書以外に係る課税仕入れが多く発生する場合には、その費用の勘定科目につき「○○費（適格）」、「○○費（適格外）」と区分して経理処理することも考えられます。

【仕入税額控除の適用要件】

● 　一定の事項を記載した帳簿及び適格請求書の保存が要件となります。

　なお、一定の取引の場合には、帳簿のみで控除可能ですが、３万円未満の取引であっても請求書等の保存が必要となります。

● 　免税事業者や消費者など適格請求書発行事業者以外の者からの課税仕入れについては控除不可となります。

　ただし、経過措置により、令和11年９月までは、一定割合の金額を控除することができます。

● 　インボイス制度の施行日前までは、受領した請求書等の記載内容に軽減税率である旨がない場合や税率ごとの消費税の区分がされていない場合には、受領した買い手側で追記することが認められていますが、インボイス制度導入後は、認められませんので必ず再発行などを依頼する必要があります。

　※　簡易課税制度を選択する場合は、従来同様に請求書等の保存要件はありません。

2 割戻し方式と積上げ方式

　インボイス制度導入後における消費税の計算方法では、従来の割戻し方式に代えて積上げ方式を選択することが可能となります。なお、インボイス制度における原則的な計算方法としては、課税売上げの計算については割戻し方式、課税仕入れの計算については積上げ方式を選択することとなっています。

（1）売上税額における計算方法

　インボイス制度においては、以下の方法の選択適用となっています。

① 原則（割戻し計算）

　税率ごとに区分した課税期間中の課税資産の譲渡等の税込価額の合計額に、100／110又は100／108を乗じて税率ごとの課税標準額を算出し、それぞれの税率（7.8％又は6.24％）を乗じて売上税額（課税標準額に対する消費税額）を算出します。

● 標準税率の税込課税売上高の合計額　×　$\dfrac{100}{110}$　＝　㋑（千円未満切捨）

　　上記㋑　×　7.8％　＝　A

● 軽減税率の税込課税売上高の合計額　×　$\dfrac{100}{108}$　＝　㋺（千円未満切捨）

　　上記㋺　×　6.24％　＝　B

● 売上税額の合計額（課税標準額に対する消費税額）

　　A　＋　B

---

② **特例（積上げ計算）**

　相手方に交付した適格請求書又は適格簡易請求書（適格請求書等）の写しを保存している場合（適格請求書等に係る電磁的記録を保存している場合を含む）には、これらの書類に記載した消費税額等の合計額に78／100を乗じて算出した金額を売上税額とすることができます（標準税率及び軽減税率に関係なく消費税額に78／100を乗じます）。

　なお、積上げ計算が適用できるのは、適格請求書発行事業者に限定されているので注意が必要です。

　また、売上税額を積上げ計算を選択して処理した場合には、仕入税額も積上げ計算を選択しなければなりません。

$$\text{適格請求書等に記載した消費税額等の合計額} \times \frac{78}{100} = \text{売上税額の合計額}$$

（2）仕入税額における計算方法

① **原則（積上げ計算）**

　相手方から交付を受けた適格請求書などの請求書等（提供を受けた電磁的記録を含む）に記載されている消費税額等の合計額に78／100を乗じて仕入税額を算出します（標準税率及び軽減税率に関係なく消費税額に78／100を乗じます。）。

$$\left(\begin{array}{c}\text{適格請求書等に記載された} \\ \text{消費税額等の合計額}\end{array}\right) \times \frac{78}{100} = \text{仕入税額の合計額（控除対象仕入税額）}$$

② **仕入税額の積上げ計算のパターン**

　インボイス制度における仕入税額の積上げ計算については、以下のよ

うなパターンがあります。

イ　請求書等積上げ方式

原則として、交付された適格請求書などの請求書等に記載された消費税額等の合計額に78／100を乗じて算出します。

ロ　帳簿積上げ方式

課税仕入れの都度※、課税仕入れに係る支払対価の額に10／110（軽減税率の対象となる場合は8／108）を乗じて算出した金額（1円未満の端数が生じたときは、端数を切捨て又は四捨五入する）を仮払消費税額等などとし、帳簿に記載している場合には、その金額の合計額に78／100を乗じて算出する方法も認められます。

※　例えば、課税仕入れに係る適格請求書の交付を受けた際に、当該適格請求書を単位として帳簿に仮払消費税額等として計上している場合のほか、課税期間の範囲内で一定の期間内に行った課税仕入れにつきまとめて交付を受けた適格請求書を単位として帳簿に仮払消費税額等として計上している場合が含まれます。

ハ　帳簿のみの保存で仕入税額控除が認められるもの

公共交通機関特例など、帳簿のみの保存で仕入税額控除が認められるものについては、課税仕入れに係る支払対価の額に10／110を乗じて算出した金額で処理することとなります（1円未満の端数が生じたときは、端数を切捨て又は四捨五入する）。

なお、仕入税額の計算に当たり、請求書等積上げ方式と帳簿積上げ方式を併用することも認められますが、これらの方法と割戻し計算を併用することは認められません。

③　特例（割戻し計算）

　税率ごとに区分した課税期間中の課税仕入れに係る支払対価の額の合計額に7.8／110又は6.24／108を乗じて算出した金額を仕入税額とすることができます。

　なお、割戻し計算により仕入税額を計算できるのは、売上税額を割戻し計算で処理している場合に限られます。

● 標準税率の税込課税仕入高の合計額　 $\times \dfrac{7.8}{110}$ ＝ ㋑

● 軽減税率の税込課税仕入高の合計額　 $\times \dfrac{6.24}{108}$ ＝ ㋺

● 仕入税額の合計額（控除対象仕入税額）

　　㋑　＋　㋺

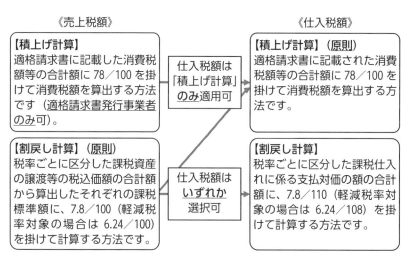

○　売上税額について、「積上げ計算」を選択できるのは、適格請求書発行事業者に限られます。

○　売上税額を「積上げ計算」により計算する場合には、仕入税額も「積上げ計算」により計算しなければなりません。

【インボイス制度における税額計算の組合せ】

売上に係る消費税額	仕入に係る消費税額
割戻し計算	積上げ計算
	帳簿積上げ計算
	割戻し計算
積上げ計算	積上げ計算
	帳簿積上げ計算
割戻し計算と積上げ計算の併用	積上げ計算
	帳簿積上げ計算

※　上記のように 7 つのパターンが考えられます。

3　インボイス制度導入後の消費税の計算方法

　軽減税率制度導入後は、消費税率が軽減税率と標準税率の複数となることから、売上げと仕入れを税率ごとに区分して税額計算を行う必要があります。インボイス制度導入後においては、適格請求書以外の課税仕入れに係る経過措置規定が適用されることから課税仕入れを全額控除できるものと80％控除のものに区分する必要があります。

　また、インボイス制度導入後は、適格請求書発行事業者の場合、消費税の計算につき割戻し方式と積上げ方式の2通りがあり、事業者の任意により選択適用となります。

　したがって、従来の計算よりも区分しなければならない項目が増え経理処理の事務負担が増加することから注意が必要です。

　割戻し方式と積上げ方式の具体的な消費税額の計算方法は、以下のようになります。

（1）割戻し方式の場合の消費税額の計算方法

① 　**課税標準額**

　　イ　標準税率

　　　標準税率が適用される国内課税売上高（税込）の合計額 $\times \dfrac{100}{110}$

　　ロ　特定課税仕入れ（リバースチャージ方式）
　　　支払対価の額

　　ハ　軽減税率

　　　軽減税率が適用される国内課税売上高（税込）の合計額 $\times \dfrac{100}{108}$

　　ニ　イ＋ロ＋ハ

② **課税標準額に対する消費税額**

イ　標準税率及びリバースチャージ方式

上記①イ及びロの課税標準額（千円未満切捨）×7.8%

※　国内分とリバースチャージ分を合計した後に千円未満切捨を行います。

ロ　軽減税率

上記①ハの課税標準額（千円未満切捨）×6.24%

ハ　イ＋ロ

③ **売上げに係る対価の返還等に係る消費税額**

イ　標準税率

標準税率が適用される売上げに係る税込対価の返還等の金額

$$\times \frac{7.8}{110}$$

ロ　軽減税率

軽減税率が適用される売上げに係る税込対価の返還等の金額

$$\times \frac{6.24}{108}$$

ハ　イ＋ロ

④ **貸倒れに係る消費税額**

イ　標準税率

標準税率が適用される課税売上げに係る貸倒れた金額

$$\times \frac{7.8}{110}$$

ロ　軽減税率

軽減税率が適用される課税売上げに係る貸倒れた金額

$$\times \frac{6.24}{108}$$

ハ　イ＋ロ

⑤　仕入税額控除の計算方法（全額控除方式、個別対応方式、一括比例配分方式）

イ　全額控除方式の場合

　　全額控除方式は、課税仕入れ等を行った日の属する課税期間において、事業者が国内において行う課税仕入れに係る消費税額及び保税地域から引取った課税貨物に係る消費税額の合計額をその課税期間の課税標準額に対する消費税額から控除することとなりますが、適格請求書以外の課税仕入れについては80％控除することとなります。

> 控除対象仕入税額　＝　課税仕入れ等の税額の合計額※

※　適格請求書に係る標準税率が適用される税込課税仕入高　$\times \dfrac{7.8}{110}$

＋　適格請求書以外に係る標準税率が適用される税込課税仕入高　$\times \dfrac{7.8}{110} \times \boxed{80\%}$

＋　適格請求書に係る軽減税率が適用される税込課税仕入高　$\times \dfrac{6.24}{108}$

＋　適格請求書以外に係る軽減税率が適用される税込課税仕入高　$\times \dfrac{6.24}{108} \times \boxed{80\%}$

＋　引取りの消費税額（国税部分）

ロ　個別対応方式の場合

　　個別対応方式は、課税仕入れ等を行った日の属する課税期間にお
　いて、事業者が国内において行う課税仕入れに係る消費税額及び保
　税地域から引取った課税貨物に係る消費税額の合計額を課税売上げ
　にのみ要するもの、非課税売上げにのみ要するもの、課税売上げと
　非課税売上げに共通して要するものに区分した上で、さらに課税仕
　入れにつき適格請求書に係る課税仕入れと適格請求書以外の課税仕
　入れ（80％控除）に区分することとなり、具体的には以下の算式の
　ようになります。

$$\text{控除対象仕入税額} = \left(\begin{array}{c}\text{課税売上げにのみ要する課税}\\\text{仕入れ等の税額の合計額}^{\text{※1}}\end{array}\right) +$$
$$\left(\begin{array}{c}\text{共通対応の課税仕入れ}\\\text{等の税額の合計額}^{\text{※2}}\end{array}\right) \times \text{課税売上割合}$$

※1　$\left(\begin{array}{c}\text{課税売上げ対応の適格請求書に係る}\\\text{標準税率が適用される税込課税仕入高}\end{array}\right) \times \dfrac{7.8}{110}$

　　$+ \left(\begin{array}{c}\text{課税売上げ対応の適格請求書以外に係る}\\\text{標準税率が適用される税込課税仕入高}\end{array}\right) \times \dfrac{7.8}{110} \times \boxed{80\%}$

　　＋課税売上げ対応の特定課税仕入れの支払対価×7.8％

　　$+ \left(\begin{array}{c}\text{課税売上げ対応の適格請求書に係る}\\\text{軽減税率が適用される税込課税仕入高}\end{array}\right) \times \dfrac{6.24}{108}$

　　$+ \left(\begin{array}{c}\text{課税売上げ対応の適格請求書以外に係る}\\\text{軽減税率が適用される税込課税仕入高}\end{array}\right) \times \dfrac{6.24}{108} \times \boxed{80\%}$

　　＋課税売上げ対応の引取りの消費税額（国税部分）

※2　$\left(\begin{array}{c}\text{共通対応の適格請求書に係る}\\\text{標準税率が適用される税込課税仕入高}\end{array}\right) \times \dfrac{7.8}{110}$

$$+ \left(\begin{array}{c} \text{共通対応の適格請求書以外に係る} \\ \text{標準税率が適用される税込課税仕入高} \end{array} \right) \times \frac{7.8}{110} \times \boxed{80\%}$$

＋共通対応の特定課税仕入れの支払対価×7.8%

$$+ \left(\begin{array}{c} \text{共通対応の適格請求書に係る} \\ \text{軽減税率が適用される税込課税仕入高} \end{array} \right) \times \frac{6.24}{108}$$

$$+ \left(\begin{array}{c} \text{共通対応の適格請求書以外に係る} \\ \text{軽減税率が適用される税込課税仕入高} \end{array} \right) \times \frac{6.24}{108} \times \boxed{80\%}$$

＋共通対応の引取りの消費税額（国税部分）

ハ　一括比例配分方式

　　一括比例配分方式は、課税仕入れ等を行った日の属する課税期間において、事業者が国内において行う課税仕入れに係る消費税額及び保税地域から引取った課税貨物に係る消費税額の合計額に課税売上割合を乗じて計算することとなりますが、さらに課税仕入れにつき適格請求書に係る課税仕入れと適格請求書以外に係る課税仕入れ（80％控除）に区分して計算することとなります。

控除対象仕入税額　＝　課税仕入れ等の税額の合計額※　×　課税売上割合

※　適格請求書に係る標準税率が適用される税込課税仕入高 × $\frac{7.8}{110}$

＋　適格請求書以外に係る標準税率が適用される税込課税仕入高 × $\frac{7.8}{110}$ × $\boxed{80\%}$

＋　特定課税仕入れの支払対価×7.8%

＋　適格請求書に係る軽減税率が適用される税込課税仕入高 × $\frac{6.24}{108}$

$$+ \text{ 適格請求書以外に係る軽減税率が適用される税込課税仕入高 } \times \frac{6.24}{108} \times \boxed{80\%}$$

＋　引取りの消費税額（国税部分）

⑥　差引税額

　上記②の課税標準額に対する消費税額から控除税額（売上返還等対価に係る消費税額＋貸倒れに係る消費税額＋控除対象仕入税額）を差し引いて計算します（百円未満切捨）。

⑦　納付税額

　上記⑥の差引税額から中間納付消費税額を控除します。

⑧　地方消費税（譲渡割額）

$$\text{差引税額（上記⑥）} \times \frac{22}{78} \quad \text{（百円未満切捨）}$$

⑨　納付譲渡割額

　上記⑧の金額から中間納付譲渡割額を控除します。

《納付税額》

　　⑦＋⑨

（2）積上げ方式の場合の消費税額の計算方法

①　課税標準額

　イ　標準税率

　　　標準税率が適用される国内課税売上高（税抜）の合計額

　ロ　特定課税仕入れ（リバースチャージ方式）

支払対価の額

ハ　軽減税率

軽減税率が適用される国内課税売上高（税抜）の合計額

ニ　イ＋ロ＋ハ

> （注）適格請求書に記載されている金額が税抜金額で記載されている場合には、
> その金額の合計額となり、税込金額で記載されている場合には、税込金額に
> 100／110（軽減税率の場合100／108）を乗じて算出した金額の合計額となり
> ます。

②　課税標準額に対する消費税額

イ　適格請求書発行分

適格請求書に記載された消費税額等　×　$\dfrac{78}{100}$

ロ　リバースチャージ方式

上記①ロの金額（千円未満切捨）×7.8%

ハ　イ＋ロ

③　売上げに係る対価の返還等に係る消費税額

イ　標準税率

標準税率が適用される売上げに係る税込対価の返還等の金額

$\times \dfrac{7.8}{110}$

ロ　軽減税率

軽減税率が適用される売上げに係る税込対価の返還等の金額

$\times \dfrac{6.24}{108}$

ハ　イ＋ロ

④　貸倒れに係る消費税額

　イ　標準税率

　　標準税率が適用される課税売上げに係る貸倒れた金額

$$\times \frac{7.8}{110}$$

　ロ　軽減税率

　　軽減税率が適用される課税売上げに係る貸倒れた金額

$$\times \frac{6.24}{108}$$

　ハ　イ＋ロ

⑤　仕入税額控除の計算方法（全額控除方式、個別対応方式、一括比例配分方式）

　売上税額につき積上げ方式を選択した場合には、仕入税額についても積上げ方式を選択しなければならないので注意が必要です。

　イ　全額控除方式の場合

控除対象仕入税額　＝　課税仕入れ等の税額の合計額※

※　適格請求書に記載された消費税額等　$\times \dfrac{78}{100}$

＋　適格請求書以外に係る消費税額等$\times \dfrac{78}{100} \times$　$\boxed{80\%}$

＋　引取りの消費税額（国税部分）

ロ 個別対応方式の場合

$$控除対象仕入税額 = \begin{pmatrix} 課税売上げにのみ要する課税 \\ 仕入れ等の税額の合計額^{※1} \end{pmatrix} +$$

$$\begin{pmatrix} 共通対応の課税仕入れ \\ 等の税額の合計額^{※2} \end{pmatrix} × 課税売上割合$$

※1 $\begin{pmatrix} 課税売上げ対応の適格請求書に \\ 記載された消費税額等 \end{pmatrix} × \dfrac{78}{100}$

$+ \begin{pmatrix} 課税売上げ対応の適格請求書以外に \\ 記載された消費税額等 \end{pmatrix} × \dfrac{78}{100} × \boxed{80\%}$

+ 課税売上げ対応の特定課税仕入れの支払対価×7.8%

+ 課税売上げ対応の引取りの消費税額（国税部分）

※2 $\begin{pmatrix} 共通対応の適格請求書に \\ 記載された消費税額等 \end{pmatrix} × \dfrac{78}{100}$

$+ \begin{pmatrix} 共通対応の適格請求書以外に \\ 記載された消費税額等 \end{pmatrix} × \dfrac{78}{100} × \boxed{80\%}$

+ 共通対応の特定課税仕入れの支払対価×7.8%

+ 共通対応の引取りの消費税額（国税部分）

ハ 一括比例配分方式

$$控除対象仕入税額 = 課税仕入れ等の税額の合計額^{※} × 課税売上割合$$

※ 適格請求書に記載された消費税額等 $× \dfrac{78}{100}$

$+$ 適格請求書以外に係る消費税額等 $× \dfrac{78}{100} × \boxed{80\%}$

$+$ 特定課税仕入れの支払対価×7.8%

$+$ 引取りの消費税額（国税部分）

⑥　**差引税額**

　　課税標準額に対する消費税額　－　控除税額[※]　（百円未満切捨）

　　　※　売上返還等対価に係る消費税額＋貸倒れに係る消費税額＋控除対象仕入税
　　　　額

⑦　**納付税額**

　　差引税額　－　中間納付消費税額

⑧　**地方消費税（譲渡割額）**

　　差引税額（上記⑥）　×　$\dfrac{22}{78}$　（百円未満切捨）

⑨　**納付譲渡割額**

　　譲渡割額（上記⑧）　－　中間納付譲渡割額

《納付税額》

　　⑦＋⑨

（3）簡易課税制度における仕入税額控除

　消費税の仕入税額控除の計算方法である簡易課税制度は、課税売上げに一定の率（みなし仕入率）を乗じて計算することとなっています。

　したがって、仕入税額控除の計算で課税仕入れを使用する一般課税（全額控除方式、個別対応方式、一括比例配分方式）とは異なり、仕入税額控除の計算において適格請求書発行事業者からの課税仕入れの金額と適格請求書発行事業者以外の者からの課税仕入れ（経過措置）を区分する必要はなく、さらに課税売上げの金額も適格請求書発行事業者と適格請求書発行事業者以外の者で金額が異なることがないのでインボイス制度導入後であっても大きな変更点はなく従来と同じ計算方法となります。

　なお、簡易課税制度を適用する際の届出書の提出時期については、特例措置があります。

　簡易課税制度の内容については、以下のとおりです。

①　適用要件

　以下の2つの要件を満たした場合には、簡易課税制度により計算することとなります。なお、要件をすべて満たした場合には、簡易課税制度によらなければならず、一般課税により仕入税額控除を行うことはできません（できる規定ではない）。

　イ　前課税期間の末日までに消費税簡易課税制度選択届出書を提出している※。

　ロ　その課税期間の「基準期間における課税売上高」が5,000万円以下となっている。

※　簡易課税制度選択届出書の提出時期の特例

　　簡易課税制度を選択したい場合には、原則として、消費税簡易課税制度選択届出書を前課税期間の末日までに提出する必要があります。

　　ただし、適格請求書発行事業者の登録に関する経過措置（免税事業者が適格請求書発行事業者に登録する場合で登録を受けた日から課税事業者となる経過措置規定）の適用を受けた場合、登録を受けた日の属する課税期間中に消費税簡易課税制度選択届出書を提出することにより、その課税期間から簡易課税制度を適用することができます。

②　控除対象仕入税額の計算

　簡易課税制度における控除対象仕入税額の計算は、以下の算式のとおりです。

④　基礎となる消費税額

$$\left(\begin{array}{c}課税標準額に\\対する消費税額\end{array}\right) + \left(\begin{array}{c}貸倒回収に\\係る消費税額\end{array}\right) - \left(\begin{array}{c}売上げに係る対価の\\返還等に係る消費税額\end{array}\right)$$

回　控除対象仕入税額

上記④の金額　×　みなし仕入率（下記③参照）

③　みなし仕入率の計算

　みなし仕入率については、事業内容により以下の6つのみなし仕入率があります。

区分※	業　種	みなし仕入率
第一種事業	卸売業	90%
第二種事業	小売業	80%
第三種事業	製造業等	70%
第四種事業	その他	60%
第五種事業	サービス業等	50%
第六種事業	不動産業	40%

　※　事業区分の内容
　　事業区分の具体的な内容は以下のとおりです。

第一種事業	卸売業（他の者から購入した商品をその性質及び形状を変更しないで他の事業者に対して販売する事業）をいう。
第二種事業	小売業（他の者から購入した商品をその性質及び形状を変更しないで販売する事業で第一種事業以外のもの）をいう。 （注）令和元年10月1日より農業、林業、漁業のうち、消費税の軽減税率が適用される飲食料品の譲渡は、第二種事業となる。
第三種事業	次に掲げる事業をいう。 ①農業②林業③漁業④鉱業⑤建設業⑥製造業（製造小売業を含む。） ⑦電気業、ガス業、熱供給業及び水道業 （注）加工賃その他これに類する料金を対価とする役務の提供を行う事業（いわゆる下請け業）は除かれ、第四種事業となる。

第四種事業	第一種事業、第二種事業、第三種事業、第五種事業及び第六種事業以外の事業をいい、次の事業が該当する。 ①飲食店業②事業用固定資産の売却
第五種事業	次に掲げる事業（第一種事業、第二種事業及び第三種事業を除く。）をいう。 ①運輸通信業②金融保険業③サービス業（飲食店業に該当するものを除く。）
第六種事業	不動産業（賃貸・管理・仲介）をいう。

④　2種類以上の事業を行っている場合のみなし仕入率

その事業者が2種類以上の事業を行っている場合には、以下のように取扱います。

原　則※		売上げに係る消費税額のうちに第一種事業から第六種事業に係る消費税額にそれぞれのみなし仕入率を乗じて計算した金額の合計額の占める割合とする。
特　例	特定一事業で75％以上	2種類以上の事業を営む事業者で、特定一事業の課税売上高が全体の75％以上を占める場合には、その特定一事業のみなし仕入率をその特定一事業以外の事業に係る消費税額に対しても適用することができる。
	特定二事業で75％以上	3種類以上の事業を営む事業者で、特定二事業の課税売上高の合計額が全体の75％以上を占める場合には、その特定二事業のうち低い方のみなし仕入率をその特定二事業以外の事業に係る消費税額に対しても適用することができる。
	事業区分をしていない場合の特例	事業者が、事業ごとに区分していない課税資産の譲渡等については、そのうち最も低いみなし仕入率の事業に係るものとして、みなし仕入率を適用する。

※　2種類以上の事業を行っている場合のみなし仕入率の原則

みなし仕入率

$$= \frac{B1 \times 90\% + B2 \times 80\% + B3 \times 70\% + B4 \times 60\% + B5 \times 50\% + B6 \times 40\%}{B}$$

B1 （第一種事業に係る消費税額）

B2 （第二種事業に係る消費税額）

B3 （第三種事業に係る消費税額）

B4 （第四種事業に係る消費税額）

B5 （第五種事業に係る消費税額）

B6 （第六種事業に係る消費税額）

B＝B1＋B2＋B3＋B4＋B5＋B6

【各業種に係る消費税額の計算】

$$\left(\begin{array}{c} 各業種の課税売上げ \\ に係る消費税額 \end{array} \right) - \left(\begin{array}{c} 各業種の売上げに係る対価の \\ 返還等に係る消費税額 \end{array} \right)$$

$$= \quad 各業種の課税売上高 \quad \times \quad \frac{7.8}{110}^{※} \quad - \quad \left(\begin{array}{c} 各業種の売上げに \\ 係る対価の返還等 \end{array} \right) \times \frac{7.8}{110}^{※}$$

$$= \quad XXX\,（残額）$$

※　軽減税率は6.24／108、経過措置は6.3／108とする。

4　インボイス制度導入後の経理処理の留意点

（1）経理処理の留意点

①　インボイス制度導入後の経理処理

　軽減税率制度導入後においては、標準税率と軽減税率の複数税率が混在することとなり、消費税の計算上は、必ず区分しなければならないので注意が必要です。具体的には、各勘定科目や仮受消費税等、仮払消費税等についても税率ごとの合計額が算出できるよう経理処理を行うこととなります。

　さらに、インボイス制度導入後においては、適格請求書に係る課税仕入れと適格請求書以外に係る課税仕入れ（80％控除）に区分して経理処理しなければなりません。

　なお、適格請求書以外の課税仕入れに係る経過措置は仕入れに関する規定となりますので、売上税額に関しては、税率の区分のみを行うこととなります。

　一般的な取引の分類としては、以下のようになります。

【売上げの消費税区分】

● 標準税率が適用される課税売上げ

● 軽減税率が適用される課税売上げ

● 特定課税仕入れ（リバースチャージ方式）が適用される取引

● 輸出免税売上げ

● 非課税売上げ

● 不課税売上げ（消費税対象外）

【仕入れの消費税区分】

● 適格請求書に係る標準税率が適用される課税仕入れ

● 適格請求書に係る軽減税率が適用される課税仕入れ

● 適格請求書以外に係る標準税率が適用される課税仕入れ（80％控除分）

● 適格請求書以外に係る軽減税率が適用される課税仕入れ（80％控除分）

● 特定課税仕入れ（リバースチャージ方式）が適用される取引

● 標準税率が適用される引取りに係る消費税額（国税部分）

● 軽減税率が適用される引取りに係る消費税額（国税部分）

（注1）個別対応方式の場合には、上記内容をさらに課税売上対応、非課税売上対応、共通対応の3つに区分する必要があります。

（注2）居住用賃貸建物に係る課税仕入れについては、仕入税額控除の適用を受けられないので注意が必要です。

---

②　インボイス制度導入後の入力方法

　インボイス制度導入後においては、上記①のように適格請求書に係る課税仕入れと適格請求書以外に係る課税仕入れに区分して経理処理することとなりますが、具体的には以下のように請求書の内容に基づいて会計処理を行う必要があります。

　イ　適格請求書に係る課税仕入れの会計処理

　　消費税における経理処理方法として、税抜経理方式と税込経理方式があり、次の適格請求書に基づいて会計処理を行うと以下のようになります。

```
                          請求書          ㈱ ABC 商事
  ㈱○○御中                              登録番号 T123456…
  12 月分  131,200 円                    ×× 年 12 月 31 日

  ┌──────┬──────────┬──────────────┐
  │ 日付  │    品名    │     金額     │
  ├──────┼──────────┼──────────────┤
  │ 12/5 │ 豚肉※     │     5,400 円  │
  │ 12/6 │ 牛肉※     │     2,100 円  │
  │ 12/7 │ 割り箸    │     2,000 円  │
  │  ⋮   │    ⋮      │      ⋮       │
  ├──────┼──────────┼──────────────┤
  │ 合計  │  87,200 円 │ 消費税  7,200 円 │
  ├──────────────────┼──────────────┤
  │  8% 対象   40,000 円 │ 消費税  3,200 円 │
  │ 10%対象   40,000 円 │ 消費税  4,000 円 │
  └──────────────────┴──────────────┘
                              ※軽減税率対象
```

　㋑　税抜経理方式の場合の仕訳

　　税抜経理方式の場合には、仮払消費税を計上することとなりますが、消費税の計算上は、仮払消費税及び各勘定科目の残高を標準税率に係るものと軽減税率に係るものに区分しなければなりません。

商品仕入高（10%適格）	40,000円	/	買掛金	44,000円
仮払消費税（10%適格）	4,000円	/		
商品仕入高（8 %適格）	40,000円	/	買掛金	43,200円
仮払消費税（8 %適格）	3,200円	/		

　㋺　税込経理方式の場合の仕訳

　　税込経理方式の場合には、仮払消費税を計上しないで会計処理を行うことから各勘定科目の残高が税込価額となっています。消費税額の計算をする上ではその税込となっている勘定科目の残高を標準税率に係るものと軽減税率に係るものに区分しなければな

りません。

```
商品仕入高（10％適格）　44,000円　／　買掛金　　44,000円
商品仕入高（ 8 ％適格）　43,200円　／　買掛金　　43,200円
```

ロ　適格請求書以外に係る課税仕入れの会計処理（80％控除）

　　消費税における経理処理方法として、税抜経理方式と税込経理方式があり、次の適格請求書以外の請求書に基づいて会計処理を行うと以下のようになります。

請求書

㈱○○御中

12月分　21,800円　　　　　　　　　　××年12月31日

日付	品名	金額
12/5	豚肉※	5,400 円
12/7	割り箸	5,500 円
⋮	⋮	⋮
	合計	21,800 円
	うち 8 ％対象（10,800 円）	
	うち10％対象（11,000 円）	

※軽減税率対象

㈱ABC 商事

①　税抜経理方式の場合の仕訳

　　税抜経理方式の場合には、仮払消費税を計上することとなりますが、その仮払消費税の金額を標準税率は10％、軽減税率は 8 ％として会計処理を行うパターンと、80％しか控除できないことから標準税率は 8 ％（10％の80％）、軽減税率は6.4％（ 8 ％の80％）として会計処理を行うパターンがあります。

　　また、消費税の計算上は、仮払消費税及び各勘定科目の残高を

標準税率に係るものと軽減税率に係るものに区分しなければなりません。

（パターン１）

商品仕入高（10％適格以外）	10,000円	買掛金	11,000円
仮払消費税（10％適格以外）	1,000円		
商品仕入高（8％適格以外）	10,000円	買掛金	10,800円
仮払消費税（8％適格以外）	800円		

※　上記のパターンは、場合によっては法人税の申告調整を行わなければならない可能性があります。

（パターン２）

商品仕入高（10％適格以外）	10,200円	買掛金	11,000円
仮払消費税（10％適格以外）	800円		
商品仕入高（8％適格以外）	10,160円	買掛金	10,800円
仮払消費税（8％適格以外）	640円		

　ロ　税込経理方式の場合の仕訳

　　税込経理方式の場合には、仮払消費税を計上しないで会計処理を行うことから各勘定科目の残高が税込価額となっています。消費税額の計算をする上ではその税込となっている勘定科目の残高を標準税率に係るものと軽減税率に係るものに区分しなければなりません。

商品仕入高（10％適格以外）	11,000円		買掛金	11,000円
商品仕入高（ 8 ％適格以外）	10,800円		買掛金	10,800円

（2）法人税法の取扱い

　法人（課税事業者に限る）が、法人税の所得金額の計算を行うにあたり、消費税の経理処理方法については、「税抜経理方式」と「税込経理方式」があり、いずれかの方式を選択することとなります。

　この場合において、税抜経理方式を選択した場合、インボイス制度導入前は、課税仕入れに係る仮払消費税等の額として計上する金額は、地方消費税も含め課税仕入れに係る支払対価の額（税込金額）に110分の10（軽減税率の場合108分の 8 ）を乗じて算出した金額に相当する額とされていました。

　インボイス制度導入後は、課税仕入れであっても適格請求書等の保存がないものは原則として仕入税額控除の適用を受けることができないため、適格請求書発行事業者以外の者からの課税仕入れ（古物商が棚卸資産を取得するなど一定の取引を除く）については、その課税仕入れに係る消費税額はないこととなります。

　法人税の考え方では、仕入税額控除の適用を受ける課税仕入れ等に係る消費税額（地方消費税含む）が仮払消費税等の額とされていますので、その点からすると適格請求書以外の請求書に係る課税仕入れについては、税務上、仮払消費税等の額がないこととなります。

　しかしながら、企業側が適格請求書以外の請求書に係る課税仕入れについて、従来通り仮払消費税等を計上することも考えられます（上記（1）②ロ参照）。

　そこで、令和 3 年 2 月に国税庁は、消費税経理通達※を改正し、仮に

法人が適格請求書発行事業者以外の者からの課税仕入れについてインボイス制度導入前のように仮払消費税等の額として経理した金額があっても、税務上は当該仮払消費税等の額として経理した金額を取引の対価の額に算入して法人税の所得金額の計算を行うことを明らかにしました（法人税の別表調整が必要となる可能性があります。）。

　なお、令和5年10月1日から3年間は、適格請求書発行事業者以外の者からの課税仕入れにおける経過措置規定により仕入税額控除を80％控除できることから仮払消費税等の額を80％として経理処理することとなります。

※　具体的な内容は「令和3年改正消費税経理通達関係Q&A」に記載されています。（以下参照）
　　https://www.nta.go.jp/law/joho-zeikaishaku/hojin/shouhizei_faq/index.htm

令和３年改正消費税経理通達関係Ｑ＆Ａ

　　令和５年 10 月１日から消費税の仕入税額控除制度において適格請求書
等保存方式（いわゆる「インボイス制度」）が導入されます。

　　これに伴い、国税庁では令和３年２月に平成元年３月１日付直法２－１
「消費税法等の施行に伴う法人税の取扱いについて」（法令解釈通達）（以
下「消費税経理通達」といいます。）の改正を行いました。

　　このＱ＆Ａは、具体的な事例に関して、改正後の消費税経理通達を基に、
法人税の所得金額の計算における消費税及び地方消費税の取扱いをまとめ
たものです。

令和３年２月

国　税　庁

法人番号 7000012050002

○　文中、文末引用の法令等の略称は以下のとおりです。

28年改正法………所得税法等の一部を改正する法律（平成28年法律第15号）

30年改正令………法人税法施行令等の一部を改正する政令（平成30年政令第132号）

法法………………法人税法（昭和40年法律第34号）

法令………………法人税法施行令（昭和40年政令第97号）

法規………………法人税法施行規則（昭和40年大蔵省令第12号）

新消法……………28年改正法による改正後の消費税法（昭和63年法律第108号）

旧消法……………28年改正法による改正前の消費税法（昭和63年法律第108号）

措法………………租税特別措置法（昭和32年法律第26号）

別表………………法人税確定申告書別表

消費税経理通達…平成元年3月1日付直法2－1「消費税法等の施行に伴う法人税の取扱い
　　　　　　　　　について」（法令解釈通達）

新経理通達………令和3年2月9日付課法2－6「『消費税法等の施行に伴う法人税の取扱い
　　　　　　　　　について』の一部改正について」（法令解釈通達）による改正後の消費税経
　　　　　　　　　理通達

旧経理通達………令和3年2月9日付課法2－6「『消費税法等の施行に伴う法人税の取扱い
　　　　　　　　　について』の一部改正について」（法令解釈通達）による改正前の消費税経
　　　　　　　　　理通達

経過的取扱い……令和3年2月9日付課法2－6「『消費税法等の施行に伴う法人税の取扱い
　　　　　　　　　について』の一部改正について」（法令解釈通達）経過的取扱い

※　このQ＆Aは、令和3年2月9日現在公布されている法令及び同日現在の通達に基づいて
作成しています。

I　令和3年2月の消費税経理通達の改正の趣旨

問1　令和3年2月の消費税経理通達の改正の趣旨を教えてください。

【回答】

　消費税の納付税額は、税の累積を排除するため、課税売上げに係る消費税額から課税仕入れ等に係る消費税額を控除して算出することとされており、この控除することを「仕入税額控除」といいます。

　令和5年10月1日からは、複数税率に対応した消費税の仕入税額控除の方式として「適格請求書等保存方式」（以下「インボイス制度」といいます。）が導入され、インボイス制度の下では、仕入税額控除の要件として、原則、税務署長に申請して登録を受けた課税事業者である「適格請求書発行事業者」から交付を受けた「適格請求書」等の保存が必要になります（新消法30⑦⑧⑨）。

　この仕入税額控除の適用を受ける課税仕入れに係る消費税額は、インボイス制度導入前においては、課税仕入れに係る支払対価の額に110分の7.8（軽減税率の対象となる場合は108分の6.24）を乗じて算出した金額とされています（旧消法30①、28年改正法附則34②）。

　一方、インボイス制度導入後においては、仕入税額控除の適用を受ける課税仕入れに係る消費税額は、適格請求書又は適格簡易請求書の記載事項に基づき計算した金額その他の政令で定めるところにより計算した金額とされ、適格請求書発行事業者以外の者（消費者、免税事業者又は登録を受けていない課税事業者）から行った課税仕入れは、原則として仕入税額控除の適用を受けることができなくなります（新消法30①）。

　ところで、消費税の納税義務者である法人は、法人税の所得金額の計算に当たり、消費税及び地方消費税（以下「消費税等」といいます。）の経理処理については、

・　消費税等の額とこれに係る取引の対価の額とを区分して経理する「税抜経理方式」と、

・　消費税等の額とこれに係る取引の対価の額とを区分しないで経理する「税込経理方式」

とのうちいずれかを選択できることとされています（旧経理通達3）。

　このうち、税抜経理方式によった場合、インボイス制度導入前は、課税仕入れに係る仮払消費税等の額として計上する金額は、地方消費税も加味したところで、課税仕入れに係る支払対価の額（消費税等の額がある場合にはその額を含みます。以下同じです。）に110分の10（軽減税率の対象となる場合は108分の8）を乗じて算出した金額に相当する額とされていました。例えば、法人が国内において資産（軽減税率の対象ではないものとします。）を取得し、対価として11,000円を支払った場合の仕訳は、次のようになります。

　　　（借方）　資　　　　　産　　10,000円　（貸方）　現　　　　　金　　11,000円
　　　　　　　　仮払消費税等　　　 1,000円

　しかしながら、インボイス制度導入後は、課税仕入れであっても適格請求書又は適格簡易請求書の保存がないものは原則として仕入税額控除の適用を受けることができないため、適格請求書発行事業者以外の者からの課税仕入れ（古物営業を営む者が棚卸資産を取得する取引等を除きます。以下同じです。）について仕入税額控除の適用を受ける課税仕入れに係る消費税額はないこととなります。この点、法人税では、仕入税額控除の適用を受ける課税仕入れ等の税額及び当該課税仕入れ等の税額に係る地方消費税の額に相当する金額の合計額が仮払消費税等の

183

額とされていますので、税務上は仮払消費税等の額がないこととなります（法令139の4⑤⑥、法規28②）。

　このため、令和3年2月、消費税経理通達を改正し、仮に法人が適格請求書発行事業者以外の者からの課税仕入れについてインボイス制度導入前のように仮払消費税等の額として経理した金額があっても、税務上は当該仮払消費税等の額として経理した金額を取引の対価の額に算入して法人税の所得金額の計算を行うことを明らかにしました。具体的な税務調整の例については、以下の問を参照してください。

※　消費税経理通達と同日に改正された平成元年3月29日付直所3－8ほか1課共同「消費税法等の施行に伴う所得税の取扱いについて」（法令解釈通達）（以下「所得税に係る消費税経理通達」といいます。）についても、同様の改正の趣旨となります。

〔参考〕適格請求書発行事業者以外の者からの課税仕入れに係る経過措置

　インボイス制度導入後6年間は、適格請求書発行事業者以外の者からの課税仕入れについても、仕入税額相当額の一定割合を課税仕入れに係る消費税額とみなす経過措置が設けられています。

　具体的には、次の課税仕入れの区分に応じてそれぞれ次の算式により算出した金額が仕入税額控除の適用を受ける課税仕入れに係る消費税額に該当します（28年改正法附則52、53）。

・令和5年10月1日から令和8年9月30日までの間に行われた課税仕入れ

$$\left(\begin{array}{c}\text{当該課税仕入れに}\\\text{係る支払対価の額}\end{array}\right) \times \left(\frac{7.8}{110}\right)^{※} \times \left(\frac{80}{100}\right) = \boxed{\begin{array}{c}\text{仕入税額控除の適用を受ける}\\\text{課税仕入れに係る消費税額}\end{array}}$$

・令和8年10月1日から令和11年9月30日までの間に行われた課税仕入れ

$$\left(\begin{array}{c}\text{当該課税仕入れに}\\\text{係る支払対価の額}\end{array}\right) \times \left(\frac{7.8}{110}\right)^{※} \times \left(\frac{50}{100}\right) = \boxed{\begin{array}{c}\text{仕入税額控除の適用を受ける}\\\text{課税仕入れに係る消費税額}\end{array}}$$

※　軽減税率が適用される場合は108分の6.24。

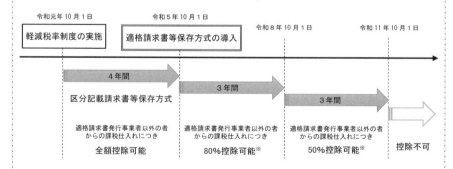

※　この経過措置による仕入税額控除の適用に当たっては、適格請求書発行事業者以外の者から受領する区分記載請求書等と同様の事項が記載された請求書等及びこの経過措置の適用を受ける旨（80％控除・50％控除の特例を受ける課税仕入れである旨）を記載した帳簿の保存が必要です。

Ⅱ 免税事業者から課税仕入れを行った場合の法人税の取扱い

> 問2 当社（飲食業）は、インボイス制度導入後である令和11年10月1日に免税事業者から国内にある店舗用の建物を取得し、その対価として1,100万円を支払いました。当社は税抜経理方式で経理していますが、この場合の課税仕入れに係る法人税の取扱いはどうなりますか。

【回答】

　1,100万円を建物の取得価額として法人税の所得金額の計算を行うことになります。

【解説】

　インボイス制度導入後（令和11年10月1日以降）は、課税仕入れであっても適格請求書又は適格簡易請求書の保存がないものは仕入税額控除の適用を受けることができないため、適格請求書発行事業者以外の者（消費者、免税事業者又は登録を受けていない課税事業者）からの課税仕入れについて仕入税額控除の適用を受ける課税仕入れに係る消費税額はないこととなります（新消法30①）。

　このため、法人が税抜経理方式で経理している場合において、適格請求書発行事業者以外の者からの課税仕入れについて仮払消費税等の額として取引の対価の額と区分して経理する金額はなく、支払対価の額を建物の取得価額として法人税の所得金額の計算を行うことになります（新経理通達14の2）。

※　所得税に係る消費税経理通達についても同様の取扱いとなります（所得税に係る消費税経理通達11の2）。

問3　当社（飲食業）は、インボイス制度導入後である令和5年10月1日に免税事業者から国内にある店舗用の建物を取得し、その対価として1,100万円を支払いました。当社は税抜経理方式で経理していますが、この場合の課税仕入れに係る法人税の取扱いはどうなりますか。

【回答】
　支払対価の額のうち、80万円を仮払消費税等の額として取引の対価から区分し、1,020万円を建物の取得価額として法人税の所得金額の計算を行うことになります。

【解説】
　インボイス制度導入後、令和5年10月1日から令和8年9月30日までの間に行われた適格請求書発行事業者以外の者（消費者、免税事業者又は登録を受けていない課税事業者）からの課税仕入れについては、当該課税仕入れに係る支払対価の額に110分の7.8（軽減税率の対象となる場合は108分の6.24）を乗じて算出した金額に100分の80を乗じて算出した金額を課税仕入れに係る消費税額とみなすこととされています（28年改正法附則52①）。すなわち、インボイス制度導入前の課税仕入れに係る消費税額の80％相当額について仕入税額控除の適用を受けることができます。
　このため、法人が税抜経理方式で経理している場合において、適格請求書発行事業者以外の者からの課税仕入れについて、支払対価の額のうちインボイス制度導入前の仮払消費税等の額の80％相当額を仮払消費税等の額とし、残額を建物の取得価額として法人税の所得金額の計算を行うことになります（新経理通達3の2、経過的取扱い(2)）。
※　所得税に係る消費税経理通達についても同様の取扱いとなります（所得税に係る消費税経理通達3の2、令和3年2月9日付課個2－3「『消費税法等の施行に伴う所得税の取扱いについて』の一部改正について」（法令解釈通達）経過的取扱い(2)）。

186

問4　当社（飲食業）は、インボイス制度導入後である令和8年10月1日に免税事業者から国内にある店舗用の建物を取得し、その対価として1,100万円を支払いました。当社は税抜経理方式で経理していますが、この場合の課税仕入れに係る法人税の取扱いはどうなりますか。

【回答】

　　支払対価の額のうち、50万円を仮払消費税等の額として取引の対価から区分し、1,050万円を建物の取得価額として法人税の所得金額の計算を行うことになります。

【解説】

　　インボイス制度導入後、令和8年10月1日から令和11年9月30日までの間に行われた適格請求書発行事業者以外の者（消費者、免税事業者又は登録を受けていない課税事業者）からの課税仕入れについては、当該課税仕入れに係る支払対価の額に110分の7.8（軽減税率の対象となる場合は108分の6.24）を乗じて算出した金額に100分の50を乗じて算出した金額を課税仕入れに係る消費税額とみなすこととされています（28年改正法附則53①）。すなわち、インボイス制度導入前の課税仕入れに係る消費税額の50％相当額について仕入税額控除の適用を受けることができます。

　　このため、法人が税抜経理方式で経理している場合において、適格請求書発行事業者以外の者からの課税仕入れについて、支払対価の額のうちインボイス制度導入前の仮払消費税等の額の50％相当額を仮払消費税等の額とし、残額を建物の取得価額として法人税の所得金額の計算を行うことになります（新経理通達3の2、経過的取扱い(2)）。

※　所得税に係る消費税経理通達についても同様の取扱いとなります（所得税に係る消費税経理通達3の2、令和3年2月9日付課個2－3『消費税法等の施行に伴う所得税の取扱いについて』の一部改正について」（法令解釈通達）経過的取扱い(2)）。

Ⅲ　会計上、インボイス制度導入前の金額で仮払消費税等を計上した場合の法人税の取扱い

インボイス制度導入後は、原則として※、適格請求書発行事業者以外の者からの課税仕入れについては、税務上、仮払消費税等の額はないこととなります。

しかしながら、法人の会計においては、消費税等の影響を損益計算から排除する目的や、そもそも会計ソフトがインボイス制度に対応していないなどの理由で、適格請求書発行事業者以外の者からの課税仕入れについてインボイス制度導入前と同様に、支払対価の額に110分の10（軽減税率の対象となる場合は108分の8）を乗じて算出した金額を仮払消費税等の額として経理することも考えられます。こうしたケースにおける具体的な税務調整の例については、以下の問を参照してください。

※　インボイス制度導入後6年間は、適格請求書発行事業者以外の者からの課税仕入れについても、仕入税額相当額の一定割合を課税仕入れに係る消費税額とみなす経過措置が設けられています（問1の「〔参考〕適格請求書発行事業者以外の者からの課税仕入れに係る経過措置」をご覧ください。）。

188

問5　当社（9月決算法人、飲食業）は、インボイス制度導入後である令和11年10月1日に免税事業者から国内にある店舗用の建物を取得し、その対価として1,100万円を支払いました。当社は税抜経理方式で経理しており、本件取引について支払対価の額の110分の10相当額を仮払消費税等の額として経理し、決算時に雑損失として計上しましたが、この場合の課税仕入れに係る法人税の取扱いはどうなりますか。

なお、この建物は取得後直ちに事業の用に供しており、耐用年数20年で定額法により減価償却費を算出しています。

〔取得時〕

| （借方） | 建　　　　　物 | 10,000,000 円 | （貸方） | 現　　　　　金 | 11,000,000 円 |
| | 仮 払 消 費 税 等 | 1,000,000 円 | | | |

〔決算時〕

| （借方） | 減 価 償 却 費 | 500,000 円 | （貸方） | 建　　　　　物 | 500,000 円 |
| | 雑　　損　　失 | 1,000,000 円 | | 仮 払 消 費 税 等 | 1,000,000 円 |

【回答】

以下のような申告調整を行います。

・別表四　所得の金額の計算に関する明細書

| 区　　　分 | | 総　　額 | 処　　　　　分 | |
			留　　保	社外流出
加算	減価償却の償却超過額	950,000 円	950,000 円	

・別表五(一)　利益積立金額及び資本金等の額の計算に関する明細書

| I　　利益積立金額の計算に関する明細書 | | | | |
| 区　　　分 | 期 首 現 在利益積立金額 | 当期の増減 | | 差引翌期首現在利益積立金額 |
		減	増	
建物減価償却超過額			950,000 円	950,000 円

【解説】

インボイス制度導入後（令和11年10月1日以降）は、税務上は適格請求書発行事業者以外の者（消費者、免税事業者又は登録を受けていない課税事業者）からの課税仕入れについて仮払消費税等の額はないこととなるため、仮に法人の会計において仮払消費税等の額として経理した金額がある場合には、その金額を取引の対価の額に算入して法人税の所得金額の計算を行うことになります（新経理通達14の2）。

本事例においては、法人の会計上、100万円を仮払消費税等の額として建物の取得価額と区分して経理していますが、税務上は仮払消費税等の額はないことになりますので、この100万円は建物の取得価額に算入することになります。

ところで、本事例においては、建物の取得時に仮払消費税等の額として経理した金額を、決算時に雑損失として計上しています。この雑損失の額は、本来は建物の取得価額に算入すべきものですが、「償却費として損金経理をした金額」として取り扱い、結果として償却限度額を超

える部分の 95 万円を減価償却の償却超過額として当該事業年度の所得金額に加算することになります（新経理通達 14 の 2 ㊟ 1 ）。

※　建物減価償却超過額の計算
　　（10,000,000 円＋1,000,000 円）×0.050＝550,000 円（償却限度額）
　　（500,000 円＋1,000,000 円）－550,000 円＝950,000 円

問6　当社（9月決算法人、小売業）は、インボイス制度導入後である令和12年9月1日に免
　　税事業者から国内にある商品（家具）20個を仕入れ、その対価として220万円（11万円×
　　20個）を支払いました。当社は税抜経理方式で経理しており、本件取引について支払対価
　　の額の110分の10相当額を仮払消費税等の額として経理し、決算時に雑損失として計上し
　　ました。また、この商品のうち10個は期末時点で在庫として残っています。この場合の課
　　税仕入れに係る法人税の取扱いはどうなりますか。

　　〔仕入時〕

　　（借方）　仕　　　　　入　2,000,000円　　（貸方）　現　　　　　金　2,200,000円
　　　　　　　仮払消費税等　　 200,000円
　　〔決算時〕
　　（借方）　商　　　　　品　1,000,000円　　（貸方）　仕　　　　　入　1,000,000円
　　　　　　　雑　損　失　　　 200,000円　　　　　　　仮払消費税等　　 200,000円

【回答】

　　以下のような申告調整を行います。

・別表四　所得の金額の計算に関する明細書

区　分		総　額	処　分	
			留　保	社外流出
加算	雑損失の過大計上	100,000円	100,000円	

・別表五（一）　利益積立金額及び資本金等の額の計算に関する明細書

I　利益積立金額の計算に関する明細書				
区　分	期　首　現　在 利益積立金額	当期の増減		差引翌期首現在 利益積立金額
		減	増	
商品			100,000円	100,000円

【解説】

　　インボイス制度導入後（令和11年10月1日以降）は、税務上は適格請求書発行事業者以外
の者（消費者、免税事業者又は登録を受けていない課税事業者）からの課税仕入れについて仮
払消費税等の額はないこととなるため、仮に法人の会計において仮払消費税等の額として経理
した金額がある場合には、その金額を取引の対価の額に算入して法人税の所得金額の計算を行
うことになります（新経理通達14の2）。

　　本事例においては、法人の会計上、20万円を仮払消費税等の額として商品の取得価額と区分
して経理していますが、税務上は仮払消費税等の額はないことになりますので、この20万円は
商品の取得価額に算入することになります。

　　ところで、本事例においては、商品の取得（仕入）時に仮払消費税等の額として経理した金
額を、決算時に雑損失として計上しています。この雑損失の額は、本来は商品の取得価額に算
入すべきものですが、期中に販売した商品に係る部分の金額は売上原価として当該事業年度の

損金の額に算入されますので、期末に在庫として残った商品に係る部分の金額を当該事業年度の所得金額に加算することになります。

192

問7　当社（9月決算法人、小売業）は、全社員の慰安のため、インボイス制度導入後である令和12年9月1日に免税事業者が営む国内の店舗において飲食を行い、その対価として11万円を支払いました。当社は税抜経理方式で経理しており、本件取引について支払対価の額の110分の10相当額を仮払消費税等の額として経理し、決算時に雑損失として計上しました。この場合の課税仕入れに係る法人税の取扱いはどうなりますか。

〔支出時〕

| （借方） | 福利厚生費 | 100,000円 | （貸方） | 現　　金 | 110,000円 |
| | 仮払消費税等 | 10,000円 | | | |

〔決算時〕

| （借方） | 雑損失 | 10,000円 | （貸方） | 仮払消費税等 | 10,000円 |

【回答】

申告調整は不要です。

【解説】

インボイス制度導入後（令和11年10月1日以降）は、税務上は適格請求書発行事業者以外の者（消費者、免税事業者又は登録を受けていない課税事業者）からの課税仕入れについて仮払消費税等の額はないこととなるため、仮に法人の会計において仮払消費税等の額として経理した金額がある場合には、その金額を取引の対価の額に算入して法人税の所得金額の計算を行うことになります（新経理通達14の2）。

本事例においては、法人の会計上、1万円を仮払消費税等の額として福利厚生費と区分して経理していますが、税務上は仮払消費税等の額はないことになりますので、この1万円は福利厚生費の額に算入することになります。

ところで、本事例においては、福利厚生費の支出時に仮払消費税等の額として経理した金額を、決算時に雑損失として計上しています。この雑損失の額は、本来は福利厚生費の額に含めるべきものですが、いずれも当該事業年度の損金の額に算入されることについては変わりありませんので、結果的に申告調整は不要となります。

┌─────────────────────────────
〔参考〕交際費等の損金不算入制度の適用

新経理通達は、令和5年10月1日以後に国内において法人が行う資産の譲渡等又は課税仕入れ等に係る消費税について適用することとされておりますが、交際費等の損金不算入制度は法人が令和4年3月31日までの間に開始する各事業年度において支出する交際費等の額がある場合に適用されます（経過的取扱い(1)、措法61の4）。このため、新経理通達の適用時における交際費等の損金不算入制度の在り方は不明ですが、仮に現行制度と同様の場合には、本事例の飲食のために要した費用の支出がその得意先、仕入先その他事業に関係のある者等に対する接待、供応、慰安、贈答その他これらに類する行為のために支出するものである場合には、交際費等の額の計算や、交際費等の範囲から除かれる飲食費の金額基準である5千円以下の判定は、本事例における仮払消費税等の額として経理した金額を飲食のために要した費用の額に算入した後の金額により行うことになります（消費税経理通達12）。
└─────────────────────────────

193

問8　当社（9月決算法人、金融業）は、インボイス制度導入後である令和5年10月1日に免税事業者から国内にある店舗用の建物を取得し、その対価として1,320万円を支払いました。当社は税抜経理方式で経理しており、本件取引について支払対価の額の110分の10相当額を仮払消費税等の額として経理しました。また、当社の消費税の課税期間は事業年度と一致しており、当該課税期間の課税売上割合は50%で、仕入税額控除の計算は一括比例配分方式を適用しているところ、当該事業年度において仮払消費税等の額として経理した金額は本件取引に係る120万円のみで、このほか仮受消費税等の額として経理した金額が120万円ありました。決算時において、納付すべき消費税等の額が72万円算出されたため、仮受消費税等の額から仮払消費税等の額を控除した金額との間に差額が72万円生じることとなり、その差額を雑損失として計上しました。この場合の課税仕入れに係る法人税の取扱いはどうなりますか。

　なお、この建物は取得後直ちに事業の用に供しており、耐用年数20年で定額法により減価償却費を算出しています。

〔取得時〕

（借方）　建　　　　　　物　12,000,000円　　（貸方）　現　　　　　　金　13,200,000円

　　　　　仮 払 消 費 税 等　 1,200,000円

〔決算時〕

（借方）　減 価 償 却 費　　 600,000円　　（貸方）　建　　　　　　物　　 600,000円

　　　　　仮 受 消 費 税 等　1,200,000円　　　　　　仮 払 消 費 税 等　1,200,000円

　　　　　雑　　損　　失　　 720,000円　　　　　　未 払 消 費 税 等　　 720,000円

【回答】

　以下のような申告調整を行います。

・別表四　所得の金額の計算に関する明細書

区　　分		総　　額	処　　分	
			留　　保	社外流出
加算	減価償却の償却超過額	228,000円	228,000円	
	控除対象外消費税額等の損金算入限度超過額	432,000円	432,000円	

・別表五（一）　利益積立金額及び資本金等の額の計算に関する明細書

I　　利益積立金額の計算に関する明細書				
区　　分	期 首 現 在利益積立金額	当期の増減		差引翌期首現在利益積立金額
		減	増	
建物減価償却超過額			228,000円	228,000円
繰延消費税額等			432,000円	432,000円

【解説】

　インボイス制度導入後、令和5年10月1日から令和8年9月30日までの間に行われた適格請求書発行事業者以外の者（消費者、免税事業者又は登録を受けていない課税事業者）からの

194

課税仕入れについては、当該課税仕入れに係る支払対価の額に110分の7.8（軽減税率の対象となる場合は108分の6.24）を乗じて算出した金額に100分の80を乗じて算出した金額が仕入税額控除の対象となる課税仕入れに係る消費税額となります（28年改正法附則52①）。すなわち、インボイス制度導入前の課税仕入れに係る消費税額の80％相当額について仕入税額控除の適用を受けることができます。

このため、法人が税抜経理方式で経理をしている場合において、免税事業者からの課税仕入れについては、支払対価の額のうちインボイス制度導入前の仮払消費税等の額の80％相当額を仮払消費税等の額として経理し、残額を資産の取得価額として法人税の所得金額の計算を行うことになります（新経理通達3の2、経過的取扱い⑵）。

本事例においては、法人の会計上、120万円を仮払消費税等の額として建物の取得価額と区分して経理していますが、税務上は仮払消費税等の額は96万円となりますので、120万円のうち96万円を超える部分の金額である24万円は、建物の取得価額に算入することになります。

ところで、本事例においては、決算時に仮受消費税等の額の合計額から仮払消費税等の額の合計額（建物の取得時に仮払消費税等の額として経理した金額）を控除した金額と納付すべき消費税等の額（未払消費税等の額）との清算の結果生ずる差額を雑損失として計上しています。この雑損失の金額のうち24万円は、前述のとおり本来は建物の取得価額に算入すべきものですが、「償却費として損金経理をした金額」として取り扱い、結果として償却限度額を超える部分の22万8千円を減価償却の償却超過額として所得金額に加算することになります（新経理通達3の2⑴(注)）。

また、本事例では、課税売上割合が50％ですので控除対象外消費税額等が生ずることになります。この控除対象外消費税額等は、仕入税額控除の適用を受ける課税仕入れに係る消費税等の額のうち新消法第30条第1項の規定による控除をすることができない金額（地方消費税相当額を含みます。）となりますので、地方消費税も加味したところで計算すると、仕入税額控除の適用を受ける課税仕入れに係る消費税等の額（支払対価の額1,320万円×10/110×80％＝96万円）のうち、控除をすることができない金額は96万円×（1－課税売上割合50％）＝48万円となります（法令139の4⑤⑥、30年改正法令附則14③）。本事例の控除対象外消費税額等は、法令第139条の4第3項及び第4項の規定により、損金経理を要件として5年以上の期間で損金の額に算入します。本事例ではこの控除対象外消費税額等について決算時に雑損失として損金経理をしており、当該事業年度の損金算入限度額は資産に係る控除対象外消費税額等を60で除して12（当該事業年度の月数）を乗じた金額の2分の1に相当する金額となりますので、結果として、43万2千円を繰延消費税額等として当該事業年度後の各事業年度において、損金の額に算入することになります（法令139の4③）。

※　建物減価償却超過額の計算
　　（12,000,000円＋240,000円）×0.050＝612,000円（償却限度額）
　　（600,000円＋240,000円）－612,000円＝228,000円
※　控除対象外消費税額等の損金算入限度超過額の計算
　　480,000円÷60×12×1/2＝48,000円（損金算入限度額）
　　480,000円－48,000円＝432,000円

問9　当社（9月決算法人、金融業）は、インボイス制度導入後である令和8年10月1日に免
　　税事業者から国内にある店舗用の建物を取得し、その対価として1,320万円を支払いまし
　　た。当社は税抜経理方式で経理しており、本件取引について支払対価の額の110分の10相
　　当額を仮払消費税等の額として経理しました。また、当社の消費税の課税期間は事業年度
　　と一致しており、当該課税期間の課税売上割合は50％で、仕入税額控除の計算は一括比例
　　配分方式を適用しているところ、当該事業年度において仮払消費税等の額として経理した
　　金額は本件取引に係る120万円のみで、このほか仮受消費税等の額として経理した金額が
　　120万円ありました。決算時において、納付すべき消費税等の額が90万円算出されたため、
　　仮受消費税等の額から仮払消費税等の額を控除した金額との間に差額が90万円生じるこ
　　ととなり、その差額を雑損失として計上しました。この場合の課税仕入れに係る法人税の
　　取扱いはどうなりますか。

　　　なお、この建物は取得後直ちに事業の用に供しており、耐用年数20年で定額法により減
　　価償却費を算出しています。

〔取得時〕
（借方）　建　　　　　　物　12,000,000円　（貸方）　現　　　　　　金　13,200,000円
　　　　　仮払消費税等　　1,200,000円
〔決算時〕
（借方）　減 価 償 却 費　　600,000円　（貸方）　建　　　　　　物　　600,000円
　　　　　仮受消費税等　　1,200,000円　　　　　　仮払消費税等　　1,200,000円
　　　　　雑　　損　　失　　900,000円　　　　　　未払消費税等　　　900,000円

【回答】
以下のような申告調整を行います。
・別表四　所得の金額の計算に関する明細書

区　　分		総　　額	処　　分	
			留　保	社外流出
加算	減価償却の償却超過額	570,000円	570,000円	
	控除対象外消費税額等の損金算入限度超過額	270,000円	270,000円	

・別表五（一）　利益積立金額及び資本金等の額の計算に関する明細書

Ⅰ　利益積立金額の計算に関する明細書				
区　　分	期 首 現 在利益積立金額	当期の増減		差引翌期首現在利益積立金額
		減	増	
建物減価償却超過額			570,000円	570,000円
繰延消費税額等			270,000円	270,000円

【解説】
　インボイス制度導入後、令和8年10月1日から令和11年9月30日までの間に行われた適格
請求書発行事業者以外の者（消費者、免税事業者又は登録を受けていない課税事業者）からの

課税仕入れについては、当該課税仕入れに係る支払対価の額に110分の7.8（軽減税率の対象となる場合は108分の6.24）を乗じて算出した金額に100分の50を乗じて算出した金額が仕入税額控除の対象となる課税仕入れに係る消費税額となります（28年改正法附則53①）。すなわち、インボイス制度導入前の課税仕入れに係る消費税額の50％相当額について仕入税額控除の適用を受けることができます。

　このため、法人が税抜経理方式で経理をしている場合において、免税事業者からの課税仕入れについては、支払対価の額のうちインボイス制度導入前の仮払消費税等の額の50％相当額を仮払消費税等の額として経理し、残額を資産の取得価額として法人税の所得金額の計算を行うことになります（新経理通達3の2、経過的取扱い(2)）。

　本事例においては、法人の会計上、120万円を仮払消費税等の額として建物の取得価額と区分して経理していますが、税務上は仮払消費税等の額は60万円となりますので、120万円のうち60万円を超える部分の金額である60万円は、建物の取得価額に算入することになります。

　ところで、本事例においては、決算時に仮受消費税等の額の合計額から仮払消費税等の額の合計額（建物の取得時に仮払消費税等の額として経理した金額）を控除した金額と納付すべき消費税等の額（未払消費税等の額）との清算の結果生ずる差額を雑損失として計上しています。この雑損失の金額のうち60万円は、前述のとおり本来は建物の取得価額に算入すべきものですが、「償却費として損金経理をした金額」として取り扱い、結果として償却限度額を超える部分の57万円を減価償却の償却超過額として所得金額に加算することになります（新経理通達3の2(1)(注)）。

　また、本事例では、課税売上割合が50％ですので控除対象外消費税額等が生ずることになります。この控除対象外消費税額等は、仕入税額控除の適用を受ける課税仕入れに係る消費税等の額のうち新消法第30条第1項の規定による控除をすることができない金額（地方消費税相当額を含みます。）となりますので、地方消費税も加味したところで計算すると、仕入税額控除の適用を受ける課税仕入れに係る消費税等の額（支払対価の額1,320万円×10/110×50％＝60万円）のうち、控除をすることができない金額は60万円×（1－課税売上割合50％）＝30万円となります（法令139の4⑤⑥、30年改正法令附則14④）。本事例の控除対象外消費税額等は、法令第139条の4第3項及び第4項の規定により、損金経理を要件として5年以上の期間で損金の額に算入します。本事例ではこの控除対象外消費税額等について決算時に雑損失として損金経理をしており、当該事業年度の損金算入限度額は資産に係る控除対象外消費税額等を60で除して12（当該事業年度の月数）を乗じた金額の2分の1に相当する金額となりますので、結果として、27万円を繰延消費税額等として当該事業年度後の各事業年度において、損金の額に算入することになります（法令139の4③）。

※　建物減価償却超過額の計算
　　(12,000,000円＋600,000円)×0.050＝630,000円（償却限度額）
　　(600,000円＋600,000円)－630,000円＝570,000円
※　控除対象外消費税額等の損金算入限度超過額の計算
　　300,000円÷60×12×1/2＝30,000円（損金算入限度額）
　　300,000円－30,000円＝270,000円

（3）注意しなければならない取引

　インボイス制度導入後は、適格請求書等と適格請求書以外の請求書（領収書含む）を区分して経理処理しなければなりませんが、適格請求書以外の請求書を発行する事業者とは、一般的には免税事業者に該当するものと考えられます。

　注意が必要な事業者とは、具体的には以下のような事業者が考えられます。

①　農業、漁業などを営む者（農協特例の適用がある場合を除く）

②　建設関係の事業者（一人親方など）

③　個人タクシーを営んでいる者

④　不動産賃貸業を営んでいる者

⑤　弁護士、税理士、司法書士など士業

⑥　フリーランスの事業者（フリーライター、コンサルタントなど)

　上記のような事業者でも適格請求書発行事業者の登録をしていれば適格請求書等を発行することができるので仕入税額控除を適用することができます。

　なお、上記のような事業者との取引については、事前に国税庁のHPで確認するか、又は当事者に直接確認して、インボイス制度導入後の経理処理につき誤った処理をしないように注意する必要があります。

第4章

インボイス制度導入後による
独占禁止法等の問題点

1　免税事業者取引における独占禁止法・下請法の考え方

（1）免税事業者がインボイス制度に与える影響

　適格請求書発行事業者に登録するには、課税事業者にならなければならず、インボイス制度導入後も免税事業者であり続けたいということになると売上先（相手先）が仕入税額控除を行うことができないため影響を生じる可能性があります。

　ただし、売上先（仕入側）が消費者、免税事業者、簡易課税制度を適用している事業者の場合には、免税事業者（売上側）と取引を行う場合であっても影響は生じません。

　なお、免税事業者から行った課税仕入れについては、仕入税額控除の経過措置として、施行日以後3年間は消費税相当額の8割、その後の3年間は5割を仕入税額控除として認められることとなります。

　また、免税事業者等の小規模事業者は、売上先の事業者と比べて取引条件についての情報量や交渉力の面で格差があり、取引条件が一方的に不利になりやすい場合も考えられます。このような状況の中で、売上先の意向で取引条件が見直される場合、その方法や内容によっては、売上先は独占禁止法又は下請法若しくは建設業法により問題となる可能性があるので注意が必要です。

　インボイス制度の実施を契機として、売上先から取引条件の見直しについて相談があった場合は、免税事業者も自らの仕入れに係る消費税を負担していることを踏まえつつ、売上先と交渉をするなど対応を検討しなければなりません。

　インボイス制度導入後における免税事業者と取引する場合のポイントは、以下のようになります。

① **免税事業者側のポイント**

イ 課税事業者の選択について

　免税事業者は、インボイス制度導入後においても免税事業者のままにするのか、売上先（相手先）の状況又は要請により課税事業者を選択し適格請求書発行事業者となるかについて検討しなければなりません。課税事業者を選択した場合には、消費税の申告及び納付義務が生じることとなります。

　なお、免税事業者が課税事業者（簡易課税制度を選択している場合を含む）を選択したとしても適格請求書（インボイス）を発行するには、所轄税務署長へ適格請求書発行事業者の登録申請が必要となります。また、適格請求書発行事業者は、発行する適格請求書が記載事項を満たしていなければならず様式の変更が必要となります。さらに、適格請求書発行事業者は、売上先への適格請求書（インボイス）の交付義務及びその写しの保存義務が生じることとなります。

ロ 簡易課税制度の選択について

　インボイス制度導入にあたって、免税事業者が課税事業者を選択した場合、消費税の申告及び納税等が必要となりますが、基準期間における課税売上高が5,000万円以下の事業者は前課税期間の末日までに簡易課税制度選択届出書を提出することで簡易課税制度を選択適用することができます。

　なお、免税事業者が適格請求書発行事業者の登録をする際に登録日から課税事業者となる経過措置規定を適用する場合には、その登録日の属する課税期間中に簡易課税制度選択届出書を提出すれば、その課税期間から簡易課税制度が適用されます（前課税期間の末日ではない）。

　簡易課税制度は、売上げに係る消費税額にみなし仕入率を乗じること

により仕入税額を計算することとなりますので、仕入れの際にインボイスを受け取り、それを保存する必要はありません。

ハ　免税事業者が行う課税仕入れについて

　免税事業者の場合には、そもそも申告義務がないことから、課税仕入れとなる取引について、相手先から受け取る請求書が適格請求書かどうかは関係ありません。

②　課税事業者側のポイント

イ　免税事業者からの課税仕入れについて

　課税事業者であっても簡易課税制度を選択している場合には、仕入税額控除につき課税売上げに係る消費税額を基に計算することとなっており、適格請求書等の保存は適用要件となっていないことから免税事業者からの課税仕入れであっても消費税の計算には、影響がありません。

　簡易課税制度を選択していない場合には、原則として、免税事業者からの課税仕入れについて仕入税額控除を適用できないこととなっていますが、経過措置規定によりインボイス制度の施行日以後3年間は消費税相当額の8割の控除が認められています（全額は控除できないので注意が必要）。

ロ　免税事業者へ支払う消費税について

　消費税の性質上、免税事業者も自らの仕入れに係る消費税を負担しており、その分は免税事業者が行う取引価格（売上げ）に転嫁する必要があることから、免税事業者が請求書等で消費税を請求すること自体は、法的に違反になることはなく、その請求書を受け取った場合には、消費税も含めて支払う必要があります。

相手先が免税事業者だからといって一方的に消費税を支払わなければ、独占禁止法又は下請法若しくは建設業法により問題となる可能性があります。

ハ　免税事業者との事前交渉

課税事業者が継続取引をしている取引先（仕入先）に対して事前に適格請求書発行事業者の申請を行っているかどうかを確認すること自体は、何ら問題ありません。

したがって、免税事業者の可能性がある取引先に対しては、事前に確認した上で取引条件を見直すなどの対応を進めておく必要があります。

例えば、免税事業者との取引について、現在の内容が「税抜」なのか「税込」なのかといった価格の設定が曖昧な場合には、消費税相当額の支払いの有無について、互いに認識の齟齬がないよう確認しておかなければなりません。

なお、免税事業者との取引条件の見直しについて、免税事業者側が一方的に不利になるような状況での変更については、独占禁止法又は下請法若しくは建設業法により問題となる可能性があるので注意が必要です。

また、免税事業者である仕入先との取引条件を見直すことが適当でない場合には、仕入税額控除額が減少する分について、原材料費や諸経費等の他のコストとあわせ、販売価格等に転嫁することが可能か、自らの売上先等と相談することも考えられます。

ニ　賃貸借契約における賃貸人について

対象物件が居住用ではない場合の賃貸借契約において、賃貸人が免税事業者である場合には、賃借人は、その賃料に係る消費税額に仕入税額控除ができなくなる可能性があるので注意が必要です。

　したがって、賃貸人が適格請求書発行事業者に該当するか否かについて事前に確認しておく必要があります。

（2）独占禁止法・下請法の取扱い

　事業者がどのような条件で取引するかについては、基本的に、取引当事者間の自主的な判断に委ねられるものですが、免税事業者等の小規模事業者は、売上先の事業者との間で取引条件について情報量や交渉力の面で格差があり、取引条件が一方的に不利になりやすい場合も考えられます。

　また、自己の取引上の地位が相手方に優越している一方の当事者が、取引の相手方に対し、その地位を利用して、正常な商慣習に照らして不当に不利益を与えることは、優越的地位の濫用として、独占禁止法上問題となる可能性があります。

　仕入先である免税事業者との取引について、インボイス制度の実施を契機として取引条件を見直すことそれ自体が、直ちに問題となるものではありませんが、見直しに当たっては、「優越的地位の濫用」に該当する行為を行わないように注意する必要があります。

　そこで、財務省や公正取引委員会は、令和4年1月に「免税事業者及びその取引先のインボイス制度への対応に関するQ&A」を公表しました。

　公正取引委員会としては、インボイス制度の実施に伴い免税事業者と取引を行う事業者がその取引条件を見直す場合に、優越的地位の濫用として問題となる可能性がある行為であるかについて、その行為を類型化し、類型ごとの考え方を公表していますが具体的には以下のようになります。

　なお、独占禁止法上で問題となるのは、行為者の地位が相手方に優越

していること、また、免税事業者が今後の取引に与える影響等を懸念して、行為者による要請等を受け入れざるを得ないことが前提となります。

①　取引対価の引下げ

　取引上優越した地位にある事業者（買手）が、インボイス制度の実施後の免税事業者との取引において、仕入税額控除ができないことを理由に、免税事業者に対して取引価格の引下げを要請し、取引価格の再交渉において、仕入税額控除が制限される金額※について、免税事業者の仕入れや諸経費の支払いに係る消費税の負担も考慮した上で、双方納得の上で取引価格を設定すれば、結果的に取引価格が引き下げられたとしても、独占禁止法上問題となるものではありません。

　しかし、再交渉が形式的なものにすぎず、仕入側の事業者（買手）の都合のみで著しく低い価格を設定し、免税事業者が負担していた消費税額も払えないような価格を設定した場合には、優越的地位の濫用として、独占禁止法上問題となります。

　また、取引上優越した地位にある事業者（買手）からの要請に応じて仕入先が免税事業者から課税事業者となった場合であって、その際、仕入先が納税義務を負うこととなる消費税分を勘案した取引価格の交渉が形式的なものにすぎず、著しく低い取引価格を設定した場合についても同様です。

※　免税事業者からの課税仕入れについては、インボイス制度の実施後3年間は、仕入税額相当額の8割、その後の3年間は同5割の控除ができることとされています。

②　商品・役務の成果物の受領拒否、返品

　取引上の地位が相手方に優越している事業者（買手）が、仕入先から商品を購入する契約をした後において、仕入先が免税事業者であること

を理由に、商品の受領を拒否することは、優越的地位の濫用として問題
となります。

　また、同様に、その仕入先から受領した商品を返品することは、どの
ような場合に、どのような条件で返品するかについて、その仕入先との
間で明確になっておらず、その仕入先にあらかじめ計算できない不利益
を与えることとなる場合、その他に正当な理由がないにもかかわらず、
その仕入先から受領した商品を返品する場合には、優越的地位の濫用と
して問題となります。

③　協賛金等の負担の要請等

　取引上優越した地位にある事業者（買手）が、インボイス制度の実施
に伴い、免税事業者である仕入先に対し、取引価格の据置きを受け入れ
るが、その代わりに、取引の相手方に別途、協賛金、販売促進費等の名
目での金銭の負担を要請することは、その協賛金等の負担額及びその算
出根拠等について、その仕入先との間で明確になっておらず、その仕入
先にあらかじめ計算できない不利益を与えることとなる場合や、その仕
入先が得る直接の利益等を勘案して合理的であると認められる範囲を超
えた負担となり、その仕入先に不利益を与えることとなる場合には、優
越的地位の濫用として問題となります。

　また、取引価格の据置きを受け入れる代わりに、正当な理由がないに
もかかわらず、発注内容に含まれていない役務の提供その他経済上の利
益の無償提供を要請することは、優越的地位の濫用として問題となりま
す。

④　購入・利用強制

　取引上優越した地位にある事業者（買手）が、インボイス制度の実施

に伴い、免税事業者である仕入先に対し、取引価格の据置きを受け入れるが、その代わりに、当該取引に係る商品・役務以外の商品・役務の購入を要請することは、その仕入先が、それが事業遂行上必要としない商品・役務であったり、又はその購入を希望していない場合には、優越的地位の濫用として問題となります。

⑤　取引の停止

　事業者がどの事業者と取引するかは基本的に自由ですが、例えば、取引上の地位が相手方に優越している事業者（買手）が、インボイス制度の実施に伴い、免税事業者である仕入先に対して、一方的に、免税事業者が負担していた消費税額も払えないような価格など著しく低い取引価格を設定し、不当に不利益を与えることとなる場合であって、これに応じない相手方との取引を停止した場合には、独占禁止法上問題となる可能性があります。

⑥　登録事業者となるような慫慂(しょうよう)等

　課税事業者が、インボイスに対応するために、取引先の免税事業者に対し、課税事業者になるよう要請することがあります。このような要請を行うこと自体は、独占禁止法上問題となるものではありません。

　しかしながら、課税事業者になるよう要請することにとどまらず、課税事業者にならなければ、取引価格を引き下げるとか、それにも応じなければ取引を打ち切ることにするなどと一方的に通告（強制）することは、独占禁止法上又は下請法上、問題となる可能性があります。

　例えば、免税事業者が取引価格の維持を求めたにもかかわらず、取引価格を引き下げる理由を書面、電子メール等で免税事業者に回答することなく、取引価格を引き下げる場合は、これに該当します。また、免税

事業者が、その要請に応じて課税事業者となるに際し、例えば、消費税の適正な転嫁分の取引価格への反映の必要性について、価格の交渉の場において明示的に協議することなく、従来どおりに取引価格を据え置く場合についても同様です。

　したがって、取引先の免税事業者との間で、取引価格等について再交渉する場合には、免税事業者と十分に協議を行っていただき、仕入側の事業者の都合のみで低い価格を設定する等しないよう注意する必要があります。

2　独占禁止法違反・下請法違反となる事例

　公正取引委員会や国土交通省などでは、以下のような事例は独占禁止法や下請法の違反になることを明示しています。

（1）消費税の不払い

《事例内容》

① 　元請業者は、個人事業者である下請業者と報酬総額11万円の契約を締結した。

② 　下請業者は、その契約に基づく取引を完了させ請求書を送付した。なお、下請業者は、免税事業者であることから適格請求書（インボイス）ではない請求書を発行した。

③ 　元請業者は、請求書を確認したところ下請業者が適格請求書発行事業者でないことが判明したことから、下請業者に対して請求書に記載された金額ではなく消費税相当額を支払わないこととした（支払額10万円）。

《結論》

　上記内容は、下請法違反となります。

　発注者（買手）が下請事業者に対して、免税事業者であることを理由にして、消費税相当額の一部又は全部を支払わない行為は、下請法第4条第1項第3号で禁止されている「下請代金の減額」として問題となります。

（2）価格の据え置き

《事例内容》

① 　元請業者は、継続的に取引関係のある下請事業者と、免税事業者で

あることを前提に「単価10万円」で発注を行っていた。

②　その後、今後の取引があることを踏まえて、元請業者は、下請事業者に対して適格請求書発行事業者となるよう求めた（課税転換）。

③　その後、下請業者は指示に従い適格請求書発行事業者（課税事業者）となり、今までの単価に消費税を転嫁するために価格交渉を元請業者に求めた。

④　元請業者は、下請事業者が課税事業者となったにもかかわらず、その後の価格交渉に応じず、一方的に単価を据え置くこととした。

《結論》

　上記内容は、下請法違反となる可能性があります。

　下請事業者が課税事業者になったにもかかわらず、免税事業者であることを前提に行われた単価からの交渉に応じず、一方的に従来どおりに単価を据え置いて発注する行為は、下請法第4条第1項第5号で禁止されている「買いたたき」として問題となる可能性があります。

（3）価格の引き下げ又は取引停止

《事例内容》

①　課税事業者が、取引先である免税事業者に対して適格請求書発行事業者になるように（課税転換）要請した通知書等を発送した。

②　その通知書において、『インボイス事業者にならなければ、消費税分はお支払いできません。承諾いただけなければ今後のお取引は考えさせていただきます。』という文言を用いて要請を行った。

③　通知書を受けて、免税事業者のままでいたい事業者が、『免税事業者のままでも価格を据え置きにしてほしい』と課税事業者に対して問い合わせたが、課税事業者は、『免税事業者のままであれば価格を10％引き下げます。それがいやなら取引を停止します。』と価格交渉には応じ

なかった。

④　別の免税事業者は、『適格請求書発行事業者（課税事業者）になります。』と課税事業者に対して問い合わせたが、課税事業者からは、『それでは今まで通りの価格でお願いします。』との回答で消費税分の上乗せの価格交渉には応じなかった。

《結論》

上記内容は、独占禁止法上問題となる可能性があります。

課税事業者になるように要請すること自体は独占禁止法上問題にはなりませんが、それにとどまらず、課税事業者にならなければ取引価格を引き下げる、それにも応じなければ取引を打ち切るなどと一方的に通告することは、独占禁止法上問題となる可能性があります。また、免税事業者から課税事業者となる者に対して、価格交渉の場において明示的な協議なしに価格を据え置く場合も同様です。

（4）工事の請負契約における消費税の不払い

《事例内容》

①　元請業者が、下請業者と総額110万円の建設工事の請負契約を締結した。

②　下請業者は、その契約に基づく工事を完了させ請求書を送付した。なお、下請業者は、免税事業者であることから適格請求書（インボイス）ではない請求書を発行した。

③　元請業者は、請求書を確認したところ下請業者が適格請求書発行事業者でないことが判明したことから、下請業者に対して請求書に記載された金額ではなく消費税相当額を支払わないこととした（支払額100万円）。

《結論》

　上記内容は、建設業法違反となります。

　元請負人（下請契約の注文者）が、自己の取引上の地位を不当に利用して、免税事業者である下請負人に対して、一方的に消費税相当額の一部又は全部を支払わない（減額する）行為により、請負金額がその工事を施工するために通常必要と認められる原価に満たない金額となる場合には、建設業法第19条の３の「不当に低い請負代金の禁止」の規定に違反する行為として問題となります。

第 5 章

インボイス制度導入に伴う補助金制度

　インボイス制度の導入にあたっては、適格請求書や適格簡易請求書を発行するために記載事項を見直さなければならずレジシステムや販売管理システムを変更する必要があります。また、適格請求書に係る課税仕入れとそれ以外の課税仕入れ（80％控除）に区分しなければならず会計システムについても変更する必要があります。

　このようなシステム変更については、少なからずコストがかかることから免税事業者が適格請求書発行事業者になるためのシステム変更など小規模事業者の費用を補填するためにインボイス制度に伴う補助金があります。

　具体的には、『持続化補助金』や『IT補助金』がありますが、適用対象者、補助限度額、補助率、申請期限などの様々な要件があるので確認した上で、申請を行う必要があります。

1　持続化補助金

（1）制度内容

　小規模事業者持続化補助金（=持続化補助金）は、小規模事業者が自社の経営を見直し、自らが持続的な経営に向けた経営計画を作成した上で行う販路開拓や生産性向上の取組を支援する制度です。なお、免税事業者から適格請求書発行事業者に転換する場合の環境変化への対応を支援する特別枠を創設し、上限額を引き上げます。

（2）対象者

　この制度の対象者は、下記①から③に該当する法人、個人事業、特定非営利活動法人で下記④の要件を満たす事業者となります。

① 　商業・サービス業（宿泊業・娯楽業除く）：常時使用する従業員の数
　　　5人以下

② 　宿泊業・娯楽業：常時使用する従業員の数20人以下

③ 　製造業その他：常時使用する従業員の数20人以下

④ 　以下の全ての要件を満たす方が補助対象者になります。

　　● 　資本金又は出資金が5億円以上の法人に直接又は間接に100％株
　　　　式保有されていないこと（法人のみ）

　　● 　直近過去3年分の各年又は各事業年度の課税所得の年平均額が15
　　　　億円を超えていないこと

　　● 　本補助金の受付締切日の前10か月以内に、持続化補助金（一般型、
　　　　低感染リスク型ビジネス枠）で採択されていないこと

（3）補助対象となる経費

この制度の補助対象となる経費については、以下のようなものが該当

します。

① 　機械装置等費：補助事業の遂行に必要な製造装置の購入等

② 　広報費：新サービスを紹介するチラシ作成・配布、看板の設置等

③ 　ウェブサイト関連費：ウェブサイトやECサイト等の構築、更新、改修、運用に係る経費

④ 　展示会等出展費：展示会・商談会の出展料等

⑤ 　旅費：販路開拓（展示会等の会場との往復を含む）等を行うための旅費

⑥ 　開発費：新商品の試作品開発等に伴う経費

⑦ 　資料購入費：補助事業に関連する資料・図書等

⑧ 　雑役務費：補助事業のために臨時的に雇用したアルバイト・派遣社員費用

⑨ 　賃借料：機器・設備のリース・レンタル料（所有権移転を伴わないもの）

⑩ 　設備処分費：新サービスを行うためのスペース確保を目的とした設備処分等

⑪ 　委託・外注費：店舗改装など自社では実施困難な業務を第3者に依頼（契約必須）

（4）補助上限額及び補助率

　この制度における申請類型、補助上限額、補助率については、以下のようになります。

申請類型	補助上限額	補助率
通常枠 (注1)	50万円	補助率 2／3 （賃金引上げ枠で赤字事業は3／4）
賃金引上げ枠 (注2)	200万円	
卒業枠 (注3)		
後継者支援枠 (注4)		
創業枠 (注5)		
インボイス枠 (注6)	100万円	

（注1）通常枠：小規模事業者自らが作成した経営計画に基づき、商工会・商工会
　　　　議所の支援を受けながら行う販路開拓等の取組を支援。
（注2）賃金引上げ枠：販路開拓の取り組みに加え、事業場内最低賃金が地域別最
　　　　低賃金より＋30円以上である小規模事業者
（注3）卒業枠：販路開拓の取り組みに加え、雇用を増やし小規模事業者の従業員
　　　　数を超えて事業規模を拡大する小規模事業者
（注4）後継者支援枠：販路開拓の取り組みに加え、アトツギ甲子園においてファ
　　　　イナリストに選ばれた小規模事業者
（注5）創業枠：産業競争力強化法に基づく「特定創業支援等事業の支援」を受
　　　　け、販路開拓に取り組む創業した小規模事業者
（注6）インボイス枠：免税事業者であった事業者が、新たに適格請求書発行事業
　　　　者として登録し、販路開拓に取り組む小規模事業者

（5）インボイス枠の申請要件

　この制度のインボイス枠については、免税事業者から適格請求書発行
事業者に転換する小規模事業者に対して補助することとなっていますが、
令和3年9月30日から令和5年9月30日の属する課税期間で一度でも免
税事業者であった又は免税事業者であることが見込まれる事業者のうち、
適格請求書発行事業者の登録が確認できた事業者であることが要件と
なっています。ただし、補助事業の終了時点でこの要件を満たさない場
合は、補助金の交付は行いません。

（6）申請方法

　この制度の申請については、小規模事業者が商工会や商工会議所の支

援を直接受けながら取り組むこととなっており、経営計画書等を作成し、それに従って進めていきます。

　さらに、商工会・商工会議所窓口に『事業支援計画書』を作成し、提出していくこととなります。

　なお、申請は、電子申請又は郵送により行いますが、電子申請に関しては、補助金申請システム（名称：Jグランツ）の利用が必要となります。

　このJグランツを利用するにはgBizIDプライムアカウントの取得が必要となります。

商工会地区事務局　URL：http://www.shokokai.or.jp/jizokuka_r1h/

※商工会地区のお問い合わせ先は所在地によって異なるため、詳細はホームページをご参照ください。

商工会議所地区事務局　URL：https://r3.jizokukahojokin.info/

2　IT導入補助金

（1）制度内容

　IT導入補助金は、中小・小規模事業者が自社の課題やニーズに合ったITツールを導入する経費の一部を支援される補助金で、クラウド利用料を2年分まとめて補助するなど、企業間取引のデジタル化の強化を支援していく方針で、インボイス制度への対応も見据えたITツールの導入補助やPC等のハード購入補助が行われます。

　なお、令和3年度補正サービス等生産性向上IT導入支援事業（IT導入補助金）では、デジタル化基盤導入枠として「デジタル化基盤導入類型」及び「複数社連携IT導入類型」の2類型を設け、このうち複数社連携IT導入類型では、サプライチェーンや商業集積地の複数の中小企業・小規模事業者等が連携してITツールを導入することにより生産性の向上を図る取組に対して、「通常枠」よりも補助率を引き上げ、複数社へのITツールの導入を支援するとともに、効果的に連携するためのコーディネート費や取組への助言を行う外部専門家に係る謝金等を含めて支援することを目的としています。

　IT補助金については、以下のような類型があります。

● 通常枠

　サービス業を中心とした中小企業、小規模事業者が、新たに生産性向上に貢献するソフトウェア等のITツールを導入する際に、補助を受けることができます。

● セキュリティ対策推進枠

　中小企業等に必要なサイバーセキュリティ対策をワンパッケージにまとめた「サイバーセキュリティお助け隊サービス」を導入する際の補助を受けることができます。

● デジタル化基盤導入類型

　　会計ソフト、受発注ソフト、決済ソフト、ECソフトの導入を行う際には、高い補助率での支援を受けることができ、PC・タブレット、レジ等の導入も対象となります。

● 複数社連携IT導入類型

　　地域DXの実現や生産性の向上を図るため、10者以上の複数の中小・小規模事業者が連携してITツール及びハードウェアを導入する取組についても、補助を受けることができます。

　　ここでは、「デジタル化基盤導入類型」について確認していきます。

（2）対象者

　　この制度における申請の対象となる中小企業・小規模事業者等は、以下のとおりです。

《中小企業者（抜粋）》

①　製造業、建設業、運輸業：資本金の額又は出資の総額が３億円以下の会社又は常時使用する従業員の数が300人以下の会社及び個人事業主

②　卸売業：資本金の額又は出資の総額が１億円以下の会社又は常時使用する従業員の数が100人以下の会社及び個人事業主

③　サービス業（ソフトウェア業又は情報処理サービス業、旅館業を除く）：資本金の額又は出資の総額が５千万円以下の会社又は常時使用する従業員の数が100人以下の会社及び個人事業主

④　小売業：資本金の額又は出資の総額が５千万円以下の会社又は常時使用する従業員の数が50人以下の会社及び個人事業主

⑤　ゴム製品製造業（自動車又は航空機用タイヤ及びチューブ製造業並びに

工場用ベルト製造業を除く）：資本金の額又は出資の総額が３億円以下
の会社又は常時使用する従業員の数が900人以下の会社及び個人事業
主

⑥　ソフトウェア業又は情報処理サービス業：資本金の額又は出資の総
額が３億円以下の会社又は常時使用する従業員の数が300人以下の会
社及び個人事業主

⑦　旅館業：資本金の額又は出資の総額が５千万円以下の会社又は常時
使用する従業員の数が200人以下の会社及び個人事業主

⑧　その他の業種（上記以外）：資本金の額又は出資の総額が３億円以下
の会社又は常時使用する従業員の数が300人以下の会社及び個人事業
主

⑨　医療法人、社会福祉法人：常時使用する従業員の数が300人以下の者

⑩　学校法人：常時使用する従業員の数が300人以下の者

《小規模事業者》

①　商業・サービス業（宿泊業・娯楽業除く）：常時使用する従業員の数
５人以下

②　宿泊業・娯楽業：常時使用する従業員の数20人以下

③　製造業その他：常時使用する従業員の数20人以下

（3）補助対象となる経費

この制度の対象となるのは、以下のとおりです。

①　ITツール※の導入費用

パッケージ購入費、初期費用（クラウド型の場合等）、システム構築
費、導入作業費、役務費（導入支援）

※　ITツールとは、会計ソフト、受発注システム、決済ソフト、ECソフト等が該当

します。(下記②も同様)

② 　ITツールの利用にかかる費用（2年分）

　　月額、年額サービス利用料、システム保守費用

③ 　PCの購入費、設置費用

④ 　タブレットの購入費、設置費用

⑤ 　レジ、券売機等の購入費、設置費用

（4）補助上限額及び補助率

　この制度（デジタル化基盤導入類型）における補助上限額、補助率については、以下のようになります。

対象	補助上限額	補助率
ITツール※	5万円〜50万円	3／4
	50万円〜350万円	2／3
PC、タブレット等	10万円	1／2
レジ・券売機等	20万円	1／2

※ 　導入するITツールが、『会計』、『受発注』、『決済』、『EC』の機能を2機能以上有する場合には、補助額につき350万円までの申請が可能（1機能の場合には、補助額50万円までの申請が可能）

（5）申請方法

① 　申請の概要

　この制度におけるIT補助金の通常枠（A・B類型）やデジタル化基盤導入類型は、以下のスキーム図のように「IT導入補助金事務局」、「IT導入支援事業者」、「中小企業・小規模事業者等」の3者で遂行されることとなります。

　　● 　IT導入補助金事務局

　　　一般社団法人サービスデザイン推進協議会が運営するサービス等

生産性向上IT導入支援事業事務局を指し、申請の受付、検査、補助金の交付等を行います。

● IT導入支援事業者

中小企業・小規模事業者等が補助事業を円滑に実施するためのサポート等を行う、この補助金事業における事業パートナーを指します。

● 中小企業・小規模事業者等（申請者／補助事業者）

生産性向上のため業務プロセスの改善と効率化に資するITツールを導入し、補助金の交付を受ける者を指します。

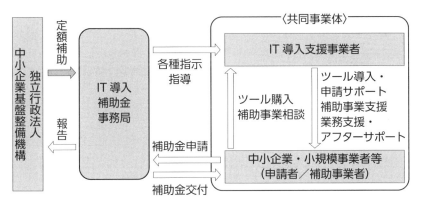

（出典：一般社団法人サービスデザイン推進協議会「IT導入補助金2022」）

② **中小企業・小規模事業者等の申請について**

この制度の申請者は、IT導入支援事業者に相談した上でIT導入補助金事務局に申請することとなります。

なお、この申請を行うには、その申請者がgBizIDプライムを取得していること[注1]、独立行政法人情報処理推進機構（IPA）が実施する「SECURITY ACTION」の「★一つ星」又は「★★二つ星」いずれかの宣言を行うこと[注2]などが前提となっています。

（注1）gBizIDについて

　　経済産業省及び中小企業庁では、複数の行政サービスを1つのアカウントにより利用することのできる認証システムであるgBizID（https://gbiz-id.go.jp）の利用を推奨しています。gBizIDのアカウントを取得すると、このシステムにつながる行政サービスでの利用が可能となります。また、利用することのできる行政サービスについては、順次拡大を図っていきます。なお、gBizIDのご利用には料金は発生しません。ただし、将来にわたって無料であることをお約束するものではありません。

　　この補助金制度の交付申請においては、「gBizIDプライム」アカウント（ID・パスワード等）が必要となります。

（注2）SECURITY ACTIONについて

　　独立行政法人情報処理推進機構（IPA）が実施する中小企業・小規模事業者等自らが、情報セキュリティ対策に取組むことを自己宣言する制度です。

　　この補助金制度では、「SECURITYACTION」の「★一つ星」または「★★二つ星」の宣言を要件とし、交付申請作成時に宣言済アカウントIDの入力を求め確認を行うこととなります。

②　交付申請フロー

　この制度の交付申請フローは、以下のようになります。

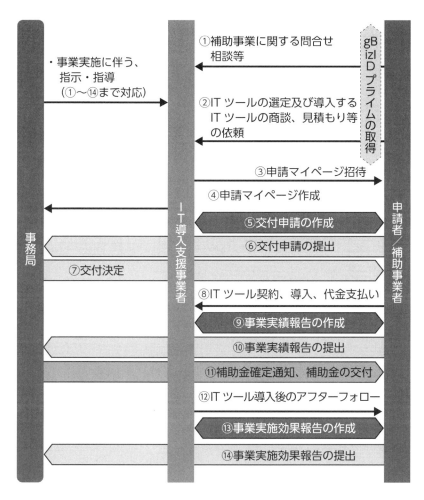

〈事業準備〉
①IT導入支援事業者へ補助対象事業に関する問合せ、相談等
　　gBizIDプライムの取得

〈交付申請〉
②ITツールの選定及び導入するITツールの商談、見積もり等の依頼
③申請マイページ招待
④申請マイページ作成
⑤交付申請の作成

⑥交付申請の提出
⑦交付決定

〈事業実施〉
⑧ITツール契約、納品、支払い
⑨事業実績報告の作成
⑩事業実績報告の提出
⑪補助金確定通知、補助金の交付

〈補助金交付後〉
⑫ITツール導入後のアフターフォロー
⑬事業実施効果報告の作成
⑭事業実施効果報告の提出

（出典：一般社団法人サービスデザイン推進協議会「IT導入補助金2022」）

Q&A

（適格請求書発行事業者の申請）

Q1 適格請求書発行事業者の申請（届出）は、社内の準備が整う前に行うことは可能でしょうか。

【回答】

　適格請求書発行事業者の申請や登録は、社内の準備が整うかどうかは関係なく、令和5年10月1日以後に発行する請求書や領収書で対応できれば問題ありません。したがって、適格請求書発行事業者の登録をするのであればとりあえず事前に申請することとなります。

（適格請求書の書式）

Q2 申請にあたって、当社は事業部門ごとに請求書の書式が異なりますが、統一しなければならないのでしょうか。また、請求書に通し番号を付けていませんが、付けなければならないのでしょうか。

【回答】

　適格請求書に関して、必ずしも1社で1形式のみという考え方はないので、請求書の形式が複数あっても問題ありません。また、通し番号についても強制されることはありませんが、通し番号を付すことで売上の管理がしやすくなり、税務調査などの際にスムーズに作業が進むことが考えられます。

（適格請求書の記載事項）

Q3 消費税の申告は会社全体で行っておりますが、支店で発行する適格請求書には、個別の登録番号ではなく、会社としての登録番号を記載すればよろしいでしょうか。

また、この場合、請求書に記載する請求書名は支店ではなく本社で
なければならないのでしょうか。

【回答】

　適格請求書の登録番号は、１社につき１つとなりますので、支店ごと
に登録番号は付与されません。したがって、請求書を各支店で発行した
としても会社の登録番号を記載することとなります。請求書に記載する
名称は、登録された会社名に追加で支店名を記載することとなります。

（適格請求書の記載事項）

Q4 軽減税率（８％）の取引がなくても適格請求書の記載要件の項目
　　は必要ですか。また、エクセルなどで作成している請求書でも同じ対
　　応にしなければならないでしょうか。

【回答】

　インボイス制度は、軽減税率のみに適用されるわけではなく、適格請
求書発行事業者であればすべての課税取引について記載要件を満たした
適格請求書の発行が必要となります（10％のみの場合には、軽減税率であ
る旨の記載は不要）。

　また、適格請求書については、書式等に関する制限はありません。し
たがって、エクセルなどで作成している請求書でも構いませんが、適格
請求書の記載要件は、満たす必要があります。

（仕入明細書等の記載内容）

Q5 現在、商品を仕入れている業者より請求書をもらう代わりに通知
　　書（仕入明細書等）を当社から送付しています。この場合に記載する
　　登録番号は、当社の登録番号でしょうか、または相手先（売り手）の
　　登録番号でしょうか。

【回答】

　仕入明細書等に登録番号を記載するのであれば売上側（相手先）の登録番号になります。

　仕入明細書を仕入側が発行する場合であっても他の書類を含めて適格請求書の記載要件を満たすようにしなければならないので注意が必要です（売上側の認証が必要）。

（適格請求書の書式）

Q6 取引基本契約書の支払い条項の記載内容に変更は必要でしょうか。

【回答】

　その契約書に基づく適格請求書（記載要件を満たしたもの）を毎回発行するのであれば、原則として、変更する必要はありません。ただし、発行する請求書が適格請求書の記載内容をすべて網羅していない場合には、契約書等に記載要件で漏れている内容を記載する必要があります。

（適格請求書の書式）

Q7 経費精算において、請求書ではなく、領収書の場合は、今まで通りでいいのでしょうか。

【回答】

　インボイス制度導入後において、請求書を発行しないで領収書を発行する場合には、その領収書で適格請求書と同じ記載事項を記載する必要があります。

（適格請求書の書式）

Q8 その場で現金支払いをする場合（請求書が存在しない場合）相手方の登録番号が記載された領収書を発行してもらえばOKでしょうか。

【回答】

　領収書に記載されている内容が登録番号だけでなく、適格請求書の記載要件がすべて記載されていれば仕入税額控除を行うことは可能です。

（適格請求書の端数処理）

Q9 請求書を分割して発行した場合の消費税の端数処理はどうなりますか。

【回答】

　請求書を分割して発行した場合には、それぞれの請求書において消費税の端数処理を行うことが考えられます（納品書ごとに端数処理を行うことと同様の処理）。

（適格請求書の端数処理）

Q10 店舗ごとに請求書を発行し、さらに各店舗の請求書を合計した形式で請求書を発行しています。その場合、店舗ごとの請求書で消費税の端数処理をして、合計請求書では積上げ計算でよろしいでしょうか。

【回答】

　店舗ごとの請求書で端数処理をして発行していれば、合計請求書は、その合計となるので端数処理は必要ないものと思われます。

（適格請求書の発行方法）

Q11 請求書の中に立替金がある場合、どのような記載が必要になりますか。

【回答】

　請求書の中に立替金がある場合には、当社が立替払をした実際の請求書等の写しを添付する必要があります。また、その写しがない場合には

立替金精算書を作成して発行する必要があります。

（適格請求書の発行方法）

Q12 実際の請求額から手数料分を差し引いて請求書を発行する場合、どのような記載が必要になりますか。

【回答】

　本来は、請求額が適格請求書となり、その手数料分が売上返還等に該当する場合には適格返還請求書に該当します。

　手数料分を差し引いた後に消費税の端数処理を行うかどうかについては、適格請求書と適格返還請求書を1枚の請求書で発行する場合と同様の取り扱いが考えられます。

　なお、手数料が先方の売上げ（収入）に該当する場合には、その部分は相手先の適格請求書として処理する必要があります。

（適格請求書の発行方法）

Q13 値引きの処理について、ポイントによる値引きの場合には、ポイント値引き後の請求金額から消費税額を計算することになりますか。

【回答】

　ポイントの値引きは、従来通り値引き後の請求金額に対して消費税を計算することとなります。

（適格請求書の発行方法）

Q14 インボイス制度導入前に1年分の請求書を発行する場合、適格請求書発行事業者である旨を通知する必要がありますか。

【回答】

　内容にもよりますが、その1年分が月額ベースで処理（売上処理や費用

処理）しなければならないのであれば、インボイス制度導入後に係る部分について適格請求書の記載事項として必要な部分を通知する必要があると思われます。

　なお、1年分につき請求書を発行した時点で処理（売上処理や費用処理）する場合には、インボイス制度導入後には影響ないこととなります。

（適格請求書の発行方法）

Q15 **インボイス制度導入後に令和5年9月以前の請求書を再発行したり、変更した場合には、適格請求書でなければならないのでしょうか。**

【回答】

　基本的には、インボイス制度導入後の取引に係るものが前提となるので適格請求書でなくても問題ないものと思われます。

（適格請求書の保存方法）

Q16 **インボイスの写しの保管ですが、各部署が発行している場合も多く、紙の保管だと現実的に厳しいのですが、他に保存方法はありますか。**

【回答】

　請求書の写しの保存については、紙ではなく電磁的記録での保存も認められていますので、電磁的記録の保存を検討する必要があります（電子帳簿保存法に規定されている保存方法も含めて検討が必要）。

（適格請求書の保存方法）

Q17 **事業者の義務として適格請求書の写しの保存がありますが、精算機から出力されるジャーナルがあれば問題ないでしょうか。**

【回答】

　適格請求書の保存については、原本の保存ではなく、精算機のジャーナル（適格請求書の記載事項が確認できるものに限る）の保存であれば問題ありません。

（適格請求書の保存方法）

Q18　発行した請求書の控えの保管方法について、発行方法（紙や電子的記録）により異なることも考えられますが具体的にどのようにすべきですか。

【回答】

　発行した請求書の控えについては、様々な方法があると思いますが、必ずしも請求書そのものの控えを保存する必要はなく、小売であればレジのジャーナル（１日分をまとめたもの）でも可能です。具体的には、適格請求書の記載事項が確認できればいいこととなっています。したがって、請求書管理システムなどで管理されていれば問題がないケースもあるものと思われます。

（仕入税額控除）

Q19　自販機からの仕入税額控除について、適格請求書の保存が不要なのは理解できましたが、自販機で物品を販売している販売先が適格請求書発行事業者かどうか確認する必要がありますか。

【回答】

　自販機の販売業者が適格請求書発行事業者かどうかを確認する必要はなく、自販機で購入したものについては仕入税額控除を行うことができます。

（仕入税額控除）

Q20 農産物において、産地直売所から購入した場合、農協から購入したときと同じように一定の書類を保存することで仕入税額控除を行うことは可能でしょうか。

【回答】

　農協等を通じた委託販売（いわゆる農協特例）は、産地直売所には適用されません。したがって、農協が関わっていない産地直売所からの購入については、通常通り適格請求書の記載事項が記載された適格請求書（領収書を含む）の保存が必要となります。

（仕入税額控除）

Q21 不動産の賃貸借契約の場合、契約書等で適格請求書発行事業者であることを記述する必要がありますか。

【回答】

　不動産の賃貸借契約の場合で、毎月請求書を発行する場合には、その請求書が適格請求書の記載要件を満たせば問題ありませんが、請求書を発行しない場合には契約書等に適格請求書発行事業者であることを含め適格請求書の記載事項を明記する必要があります。

　インボイス制度導入前の契約の場合には、必要事項を記載した通知書を賃貸人が賃借人に発行することで仕入税額控除が認められます。

　この件は、賃貸借契約書に限らず、他の契約書の場合も同様となります。

（仕入税額控除）

Q22 賃貸借契約書により支払っているものについて、請求書なしに毎月定額の支払いを行っておりますが、今後は適格請求書を徴収しなけ

れば仕入税額控除を行えないのでしょうか。

【回答】

　口座振込の場合には、振込金受取書を保存するとともに事前に適格請求書の記載事項を記載した通知書や覚書などを受け取るか、契約書を見直すことで、仕入税額控除を行うことが可能です。この件は、賃貸借契約書に限らず、他の契約書の場合も同様となります。

（仕入税額控除）

Q23 税理士の顧問契約に基づいて毎月の報酬を支払っている場合、令和5年10月以降、全額の仕入税額控除を受けたい場合適格請求書を発行して頂く必要はありますか。

【回答】

　まず、税理士が適格請求書発行事業者に該当していることが前提となります。なお、適格請求書発行事業者は、適格請求書の交付義務がありますので請求書の発行を依頼すれば税理士から適格請求書を受け取ることが可能だと思いますが、口座振込の場合には、事前に通知書や覚書など適格請求書の記載事項を記載した書類をもらうか、契約書を見直すことで対応は可能だと思われます。

（仕入税額控除）

Q24 インボイス制度導入後、一定期間適用される免税事業者からの課税仕入れに係る経過措置について、免税事業者から区分記載請求書等を受け取った際に、経過措置の適用を受けたい旨の記載は、受け取り側でどのようにすればよいでしょうか。

【回答】

　経過措置が適用される課税仕入れ（80％控除）であることが確認でき

るように帳簿にその旨を記載する必要があります。具体的には、帳簿の摘要欄に※・☆などの印を付すか、「適格外」、「80控除」などと簡便的に記載することとなります。

（免税事業者との取引）

Q25 個人事業主からの請求書を受け取る際の注意すべき点はありますか。

【回答】

その個人事業主が適格請求書発行事業者かどうかを確認する必要があります。もし、適格請求書発行事業者でない場合には、仕入税額控除において80％控除となるので注意が必要です。

（免税事業者との取引）

Q26 免税事業者との取引がある場合に注意すべき点はありますか。

【回答】

免税事業者の場合には、適格請求書発行事業者ではないことから仕入税額控除において80％控除となるので注意が必要です。

（免税事業者との取引）

Q27 免税事業者が自ら申請して課税事業者になった場合、その者から購入する会社は仕入税額控除ができるのでしょうか。また課税事業者となった事業者は免税事業者に戻れるのでしょうか。

【回答】

免税事業者が、適格請求書発行事業者の登録を行った上で適格請求書を発行した場合、その者から購入する会社はその適格請求書の保存をすることで仕入税額控除が可能となります。なお、適格請求書発行事業者

は、必ず課税事業者となり、消費税の申告が必要となります。

　もし、その者が適格請求書発行事業者を取りやめたい場合には、免税事業者に戻ることは可能です。

（免税事業者との取引）

Q28 取引先の取捨選択をせず、可能な限り変化をさせずに仕入税額控除の適用を引き続き受けられるような方法はありますか。

【回答】

　仕入税額控除を行うためには、相手先が適格請求書発行事業者でなければなりません。

　なお、適格請求書発行事業者ではないからといって取引を停止すると、法律的には消費税転嫁対策特措法と同様に独占禁止法違反になる可能性があります。

　したがって、事前に相手先と交渉して適格請求書発行事業者になってもらうか、買い手側が経過措置である80％控除の仕入税額控除を行うこととなります。

（免税事業者との取引）

Q29 免税事業者（適格請求書発行事業者でない者）は、今まで通り消費税を相手先に請求してもいいのでしょうか。

【回答】

　今回のインボイス制度では、免税事業者に規制をかけているわけではないので今まで通り消費税を請求することは問題ありません。

　なお、相手先が消費税を支払わないなどの行為を行った場合には、独占禁止法や下請法により公正取引委員会が取り締まる可能性があります。

（免税事業者との取引）

Q30 インボイス制度に対応しなかった事業者に対して、取引先への取引停止や値下げ交渉をすることはできるのでしょうか。

【回答】

　仕入先が適格請求書発行事業者以外の場合において、値下げ交渉などを強要することは、消費税転嫁対策特措法と同じように独占禁止法や下請法に基づいて公正取引委員会が取り締まる可能性があります。

【著者紹介】

アースタックス税理士法人

代表社員　税理士・CFP　島添　浩

中央大学卒業。大手生命保険会社・会計事務所での勤務を経て、2000年に税理士登録し島添税理士事務所を開設。その後、2006年にアースタックス税理士法人を設立し、代表社員に就任。

現在、一般企業の税務顧問業の他、相続・事業承継、企業再編などの経営コンサルティング業務にも従事。各種研修機関や専門学校（TAC）の税法実務セミナーの講師や税務関連での執筆活動で活躍。

アースタックス税理士法人

アースタックス税理士法人では個人事業主から大企業までクライアントの規模を問わず幅広く税務顧問及び相談業務に従事している。事業規模や業種によって多様化しているクライアントのニーズに対応すべく、相続・事業承継、企業再編、不動産証券化、国際税務などの付加価値の高いコンサルティングサービスも提供しており、クライアントの事業の発展に貢献することを意識して業務展開している。

最終チェック！　消費税インボイス制度の実務

令和4年11月20日　初版第一刷発行　　　　　　　　　　（著者承認検印省略）
令和4年12月10日　初版第二刷発行

©　著　者　　島　添　　　浩

発行所　　税 務 研 究 会 出 版 局

週刊「税務通信」発行所
　　　「経営財務」

代表者　　山　根　　　毅

郵便番号 100-0005
東京都千代田区丸の内 1-8-2 鉄鋼ビルディング

https://www.zeiken.co.jp

乱丁・落丁の場合は、お取替え致します。　　　　印刷・製本　東日本印刷株式会社

ISBN 978-4-7931-2732-8